市场分割对农户生产经营行为及绩效的影响研究

——基于桃产业的实证分析

徐磊 著

中国农业出版社

北 京

图书在版编目（CIP）数据

市场分割对农户生产经营行为及绩效的影响研究：基于桃产业的实证分析 / 徐磊著. -- 北京：中国农业出版社，2025. 3. -- ISBN 978-7-109-33142-6

Ⅰ. F326.13

中国国家版本馆 CIP 数据核字第 2025Y8P546 号

市场分割对农户生产经营行为及绩效的影响研究

SHICHANG FENGE DUI NONGHU SHENGCHAN JINGYING XINGWEI JI JIXIAO DE YINGXIANG YANJIU

中国农业出版社出版

地址：北京市朝阳区麦子店街 18 号楼

邮编：100125

责任编辑：王秀田　　文字编辑：张楚翘

版式设计：小荷博睿　责任校对：张雯婷

印刷：北京中兴印刷有限公司

版次：2025 年 3 月第 1 版

印次：2025 年 3 月北京第 1 次印刷

发行：新华书店北京发行所

开本：700mm×1000mm　1/16

印张：12.5

字数：200 千字

定价：68.00 元

　　本专著出版得到江西省高校人文社科学科重点研究基地项目"果农绿色生产行为的形成机理、同群效应与干预政策：基于江西的理论与实践"（JD 23051）、江西省教育厅科学技术研究项目"统一大市场驱动农业绿色生产：作用机制与经济效应"（GJJ 2400305）、国家现代农业（桃）产业技术体系产业经济岗位专家项目、江西农业大学农村经济研究所、江西现代农业及其优势产业可持续发展的决策支持协同创新中心、江西省"十四五"期间一流专业优势专业（农林经济管理）、国家自然科学基金项目"农村居民网络购物意愿与行为差异识别、转化机理及溢出效应研究"（72063017）等项目资助，一并感谢！

前　言

　　比较优势理论认为，每个地区都应发展本地区具有比较优势的产业，政府扶持的产业应是本地区具有潜在比较优势的产业。统一市场会充分发挥市场机制的作用，带动国民福利水平提高。然而，目前地方市场分割几乎渗透到市场体系的各个组成部分，地方市场分割形成的本地扭曲价格，使厂商行为偏离最优决策，阻碍了产业升级和规模经济实现。并且我国农业部门的地方市场分割严重；农产品市场分割并未出现明显的收敛趋势。从桃产业来看，我国是世界上最大的桃生产国和消费国，2021年我国桃产业总产值近千亿元，生产、流通和零售从业人员过千万人，是助推乡村产业兴旺、农民生活富裕的重要经济支柱之一。不仅如此，桃还具有独特的景观价值和文化内涵，是建设美丽乡村、推进产业融合、弘扬农耕文化的重要产业支撑。受地理特征、交通状况、鲜桃产品属性特征等自然因素影响以及政府和非政府等人为因素的影响，各个地方形成了不同程度的桃地方市场分割。通过相对价格法的测算可知，2014—2021年全国桃市场分割总体呈现小幅上升趋势。我国的桃产业存在着地方市场分割，并由此导致了桃产业的区域同构、品种结构失衡、生产技术落后、桃农收入降低等诸多问题。

　　在传统农业经济学的研究中，常假设（或暗含假设）商品和要素是可以自由流动的。这意味着在非统一市场条件下，现有对于农业经营主体生产经营行为及其绩效的研究结论可能存在一定偏差，研究成果的适用范围受到了一定程度的限制。显然，基于地方市场分割视角，厘清地方市场分割对当地农业经营主体生产经营行为、绩效的作用机制与影响，对于扩大现有研究结论的适用范围，指导鲜活农产品产业高质量发展、促进现代农业建设发展以及构建国内统一大市场具有重要意义。

为揭示地方市场分割对当地桃农行为决策机制的影响，明晰地方市场分割影响当地桃农生产经营绩效的作用路径。本研究以地方市场分割、当地桃农生产经营行为及绩效的关系为主线，从点和面的维度、横向与纵向的视角对桃产业进行"麻雀式解剖"。首先，梳理和分析了中国桃产业的发展现状，剖析了导致地方市场分割的原因及其带来的影响。其次，分别从理论和实证两方面分析了地方市场分割对当地桃农生产技术投入的影响、地方市场分割与当地桃农品种栽培数量之间的关系。再从两个方面分析地方市场分割与当地桃农经营绩效的关系，一是揭示了地方市场分割对当地桃农桃种植净收入的影响，并探讨了桃农生产经营行为的中介作用；二是测算和分析了地方市场分割对当地桃农生产技术效率的影响。最后，检验了地方市场分割条件下桃农应对行为（产业组织模式选择）的增收效应。本文的主要研究结论有：

1. 与已有研究结论一致的是，桃市场分割程度未出现明显的收敛趋势，并在一定程度上导致主产区间出现一定的产业同构，栽培品种结构和熟制结构趋同。通过相对价格法测算的市场分割程度表明，桃市场分割程度在2014—2021年呈现波动上升趋势；问卷调查法的结果表明，省内的不同产区间同样存在分割，并且我国鲜桃出口比重低，基本内销，意味着桃农面临地方市场分割状况时，其应对方式减少，地方市场分割对桃农生产经营的影响较大。此外，我国桃品种数量较多，但各省份的主栽品种同质性却较高，主产区间产业同构，栽培品种结构和熟制结构趋同，单个桃农种植品种数量过多，资源配置效率偏低。

2. 总体上地方市场分割对当地桃农提质技术总投入具有倒U形影响，在不同类型原因导致的地方市场分割上存在一定差异：自然性分割对当地桃农提质技术总投入具有负向影响，人为性分割对当地桃农提质技术总投入具有倒U形影响。对于不同类型的提质技术，代表地方市场分割程度的市场分割指数与自然性分割、人为性分割对当地桃农"改进型"提质技术投入具有倒 U 形影响；对当地桃农"颠覆型"提质技术投入具有显著的负向影响。雇工质量在地方市场分割和桃农提质技术总投入关系中具有正向调节作用，雇工质量通过降低桃农的监督成本和提高技术使用效率，有效改善地方市场分割带来的负效应，提高地方市场分割的正效应。地方市场分割对不同产区桃农提质技术投入的影响存在差异。具体差异为：在传统产区，低程度的地方市场分割对当地桃农提质技术总投入的促进作用更强。

3. 地方市场分割程度提高会使得当地桃农品种栽培数量增加。地方市场分割程度越高，当地桃农面临的生产经营不确定性越大、风险越高，当地桃农通过增加品种栽培数量以规避风险。由此解释了，当前桃产业中单个桃农栽培品种数量较多的现象。地方市场分割对当地桃农品种栽培数量的影响在不同产区间存在异质性。传统产区的产业基础相对完善，各环节衔接程度更高，应对市场变化能力更强，而新兴产区则相对较弱；早熟桃市场价格波动程度高，市场风险大。因此，地方市场分割对新兴产区桃农、早熟产区桃农品种栽培数量的影响更大。

4. 地方市场分割对当地桃农桃种植净收入具有显著的倒 U 形影响，但不同类型原因导致的地方市场分割的影响具有差异。具体表现为：自然性分割对当地桃农桃种植净收入具有显著的负向影响，人为性分割对当地桃农桃种植净收入具有倒 U 形影响。分位数回归结果表明，地方市场分割对当地低收益桃农桃种植净收入具有更强的副作用，从而使得当地桃农群体间的收入差距扩大。分组回归结果表明，地方市场分割对当地桃农净收入的正效应对小规模桃农没有显著影响。这意味着，小规模桃农基本无法享受到地方市场分割带来的正效应，即地方保护对小农户而言并非"增收良方"。中介效应检验结果表明，地方市场分割通过提质技术投入、品种栽培数量对桃农桃种植净收入产生影响，中介效应显著。调节中介检验结果表明，"地方市场分割→品种栽培数量→桃农净收入"这条路径存在调节中介作用，主栽品种比重缓解了品种栽培数量带来的负效应。条件间接效应随着调节变量取值的增加而增加，主栽品种比重越高，条件间接效应取值越高，桃农桃种植净收入就越高。

5. 桃农生产技术效率测算结果表明：样本桃农的土地投入、雇工投入、种苗投入、农药投入以及固定资本投入对桃农桃产出值具有显著的正向影响。从投入对技术效率的贡献值看，土地投入对桃农生产技术效率的贡献作用最大，其次是固定资产投入和种苗投入；而家庭用工投入和肥料投入的产出弹性系数为负，要素投入可能超过最优量。总体上，地方市场分割对当地桃农生产技术效率具有倒 U 形影响，对于具体原因导致的分割类型则表现为：自然性分割对当地桃农生产技术效率具有负向影响；人为性分割对当地桃农生产技术效率具有倒 U 形影响。品种栽培数量对桃农生产技术效率具有显著的负向影响，需要引导桃农合理选择品种与确定栽培数量。

6. 桃农参与产业组织模式对桃农种植净收入有显著的正向影响。与完全市场模式相比，横向协作模式和纵向协作模式均能够显著增加桃农的亩 * 均桃种植净收入，即桃农无论参与横向协作模式还是纵向协作模式，均能够显著提高其桃种植净收入。对于不同特征桃农、不同类型产区桃农参与不同的产业组织模式的增收效应存在差异。小规模桃农参与纵向协作模式能够显著提高桃种植净收入；但对于大规模桃农而言，参加纵向协作模式并不能显著提高其桃种植净收入。传统产区桃农参与纵向协作模式后，其亩均桃种植净收入增加值高于新兴产区桃农参与纵向协作模式后的亩均桃种植净收入增加值。早熟产区桃农参与纵向协作模式后，其亩均桃种植净收入并无显著提高（平均处理效应未通过显著性检验）；而非早熟产区桃农参与纵向协作模式后，其亩均桃种植净收入有显著增加。

为实现农业生产经营高效、产区布局科学、产业发展持续、加快建设全国统一大市场，本文建议从优化生产布局和推动标准化建设、加强公共基础设施建设、提高市场监督和违规惩罚力度、规范不当市场竞争和市场干预行为以及推动农业产业组织建设发展 5 个方面努力，破除市场分割、

---

   * 亩为非法定计量单位，1 亩≈667 平方米。

促进桃农增收、推动桃产业发展和统一市场建设。

本研究可能在以下三个方面存在特色和创新：

第一，本研究揭示地方市场分割对当地桃农生产经营行为及绩效的作用效果与机制，为理解农业经营主体生产经营行为和经营绩效提供了另一种视角，对于理解现代桃产业转型的微观机制具有重要意义。

第二，深化了市场分割在"三农"领域的研究层次。尽管对于市场分割的研究浩如烟海，并且也指出了农业市场存在着较为严重的市场分割情况，但已有研究更多是停留在测算层面。本研究在测算市场分割的基础上，将使用微观农户数据展开进一步研究，分析地方市场分割对当地桃农生产经营行为和绩效的影响，对于补充相关文献具有一定价值。

第三，探讨了引入地方市场分割后的当地桃农参与农业产业组织模式对其桃种植净收入的影响效应，并比较了不同产业组织模式对桃农种植净收入的影响，在一定程度上丰富了相关研究。

目　录

前言

第1章

绪　　论

1.1　研究背景、问题与意义

　　比较优势理论认为，每个地区都应发展本地区具有比较优势的产业，政府扶持的产业应是本地区具有潜在比较优势的产业。根据"斯密-杨格定理"，市场规模的扩大会通过促进分工推动产业发展。因此，统一市场会充分发挥市场机制的作用，带来国民福利水平提高。

　　然而，目前地方市场分割几乎渗透到市场体系的各个组成部分，导致市场经济运行机制扭曲，市场信号失真，干扰宏观经济平衡，使社会资源无法实现最优配置；而且，地方市场分割形成的本地价格扭曲，使厂商行为偏离最优决策，阻碍了产业升级和规模经济实现（李嘉楠等，2019；徐保昌、谢建国，2016；银温泉、才婉茹，2001）。尽管经济学家对于中国地方市场分割的演变趋势存在着争论，但无论是认为中国市场在趋于整合的文献，还是认为分割程度在加剧的文献，都不否认中国地区之间零碎分割的市场是个严重的问题（马述忠、房超，2020；李嘉楠等，2019；吕越等，2018；黄新飞等，2014；陈钊，2007）。在不同的历史时期，地方市场分割具有特定的形成原因进而呈现特定的表现形式，而现阶段我国地方市场分割的各类分割形式掺杂在一起，更加隐蔽（刘志彪、孔令池，2021）。因此，推动建立统一开放、竞争有序的现代市场体系任重道远。图1-1为2010—2020年市场分割指数。

　　黄赜琳、王敬云（2006）研究发现，中国的三次产业中农业部门的地方保护程度最高，农业部门的国内地方市场分割严重。此外，农产品市场

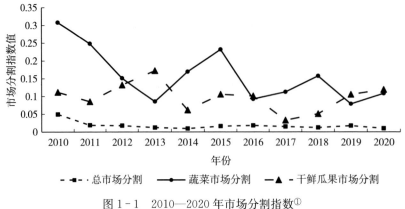

图 1-1 2010—2020 年市场分割指数[①]

分割并未出现明显的收敛趋势[②]（张昊，2020；刘刚、谢贵勇，2019）。市场作为农业经营主体生存和发展的外部环境深刻影响着其生产经营行为与收益。如何在市场竞争中改善经营管理、推动技术进步、提高经济效益是农业生产经营主体必须面对的问题。然而，地方市场分割使得地区间资源配置不合理，降低生产要素市场中资源的优化配置效率，导致市场信号失真，干扰农业经营主体做出正确决策，抑制经营收益提高。并且，在传统农业经济学的研究中，常假设（或暗含假设）商品和要素市场是统一的，商品和要素能够自由流动。意味着在非统一的市场条件下，现有对于农业经营主体生产经营行为及其绩效的研究结论可能存在一定偏差，研究成果的适用范围受到了一定程度的抑制。

聚焦到桃产业，我国的桃产业存在着地方市场分割。从全国层面看，2014—2021 年桃地方市场分割程度总体呈现小幅上升趋势（图 1-2）。从各地区产业实践看，自然因素中的地理状况、交通条件、鲜桃货架期短不耐储的产品特性等导致桃产品流通受限，使得当地桃市场与其他桃市场存

---

① 本文借鉴桂琦寒等（2006）的研究方法，采用基于"冰山"成本模型的相对价格法对桃市场分割指数进行测算。测算数据来源于 2009—2021 年《中国统计年鉴》，采用省份间两两配对方式测算，总市场分割数据为统计年鉴中的八类商品的价格指数，蔬菜和干鲜瓜果数据为食品中的产品分类，也是价格指数。图 1-1 为笔者重新测算的市场分割指数，同样是首先测算出各个省份的市场分割指数，然后取均值来度量全国市场分割程度（和已有研究一样数据均扩大 100 倍），所得到的结果与已有研究基本一致。

② 刘刚、谢贵勇（2019）通过价格法测算得到 2003—2016 年农产品市场分割程度的收敛趋势不明显；张昊（2020）通过价格法测算得到 2003—2017 年生鲜食品的市场分割程度最高。

在相分割的状况，形成地方市场分割。人为因素中，一是当地政府选择性的地方主导产业政策，集中表现为短期内大规模发展，为争夺价格高的早熟桃、价格高的品种等而盲目布局，未能充分利用比较优势，造成当前桃产区间熟制结构和品种结构趋同、产能过剩。二是制造产权交易障碍，对与本地桃产业有竞争关系的外地进入者进行非平等对待，如设置更高的农地流转门槛或给本地经营者提供高额流转补贴等；干扰本地桃生产经营主体进行横向、纵向整合的微观决策，"拉郎配"方式促整合，破坏市场规则等。三是阻碍桃产品顺畅流通，包括限制（在一定时期内禁止或控制数量）对本地桃具有冲击的外地桃产品进入本地市场，如非政府因素中本地桃经营主体同外地桃经营主体的恶性竞争；采用价格杠杆削弱外地桃产品的竞争力，提高本地桃产品市场竞争力，如针对性的市场管理费用或歧视性的补贴和扶持政策等；具有歧视性的市场检验检测标准和行为。四是鲜桃市场中的桃质量标准与规格不统一，因此对桃产品市场间流通造成一定阻碍。由此，导致当地桃市场与其他桃市场存在相分割的状况，形成地方市场分割。

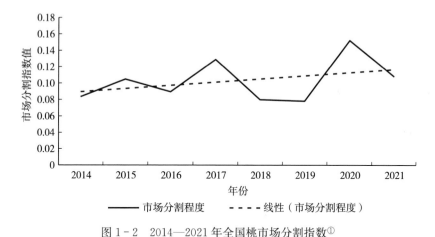

图 1-2 2014—2021 年全国桃市场分割指数[①]

显然，上述这些自然因素和人为因素导致当地桃市场形成一定程度的地方市场分割，为外地桃竞争者和桃产品进入当地市场带来了更高的交易

---

① 本文借鉴桂琦寒等（2006）的研究方法，采用基于"冰山"成本模型的相对价格法对桃市场分割指数进行测算。测算数据为商务部监测的各地区农产品批发市场中鲜食桃实际价格，采用两两配对方式测算，首先测算各年度、各个地区的桃市场与其他市场相分割的程度，然后分年度计算各地区的分割程度均值，以此衡量全国各年度的市场分割程度。

成本，损害外地桃经营主体的利益，并会在一定程度上造成消费者福利受损。那么，地方市场分割又会对当地的桃农带来怎样的影响？具体为：地方市场分割对当地桃农生产经营行为产生怎样的影响？又会如何影响当地桃农的经营绩效？如果地方市场分割损害了当地桃农的收益，桃农可以采取怎样的应对措施？通过对上述问题的回答，有助于扩大现有研究结论的适用范围，促进桃产业和其他鲜活农产品产业高质量发展，以及推动国内统一大市场建设。

桃乃五果之首①。几千年以来，桃一直是中华民族向往美好生活的象征，桃树遍布中华山川大地。2021年我国桃产业总产值近千亿元，生产、流通和零售从业人员过千万人，是助推乡村产业兴旺、农民生活富裕的重要经济支柱之一。不仅如此，桃还具有独特的景观价值和文化内涵，是建设美丽乡村、推进产业融合、弘扬农耕文化的重要产业支撑。因此，在建设国内统一大市场的背景下，探讨地方市场分割对当地桃农生产经营行为与绩效的影响具有重要的现实意义。桃产业是现代中国大农业的一个缩影，农业强则中国强，农民富则中国富。如何在新形势下推进农业供给侧结构性改革，保持桃产业稳定发展和桃农持续增收，进而推动桃产业整体高质量发展，成为当前我国桃产业在重要历史机遇期亟待解决的关键问题。因此，本研究以地方市场分割、当地桃农生产经营行为及绩效的关系为主线，从点和面的维度、横向与纵向的视角对桃产业进行"麻雀式解剖"。揭示地方市场分割影响当地桃农行为决策机制，明晰地方市场分割影响当地桃农经营绩效的作用路径与影响效应。最后，从桃农应对行为出发，分析桃农参与产业组织模式对其种植净收入的影响效应。

就理论意义而言，探讨地方市场分割对当地微观农户的生产经营决策与绩效影响问题，是对于地方市场分割研究（或统一市场研究）的补充，同时，从一个新的视角来诠释农户生产经营行为及其绩效，对于理解现代桃产业转型的微观机制和丰富相关文献具有重要价值。就现实意义而言，本研究的结论可为实现桃生产经营高效、产区布局科学、产业发展持续提供理论参考，对中国桃产业发展与乡村振兴战略实施具有现实指导意义，

---

① 五果指枣、李、杏、栗、桃等五种果实。《黄帝内经·素问·藏气法时论》中提到"五果为助"，桃可以补气血，有滋补作用，还可以治便秘、促消化。其营养丰富，药用价值高，有"天下第一果"之称。

也能为现代农业政策的科学完善、加快建设全国统一大市场提供理论与实证的支持。

1.2 研究目标与研究内容

1.2.1 研究目标

本研究依据交易费用理论、农户行为理论、产业组织理论等，聚焦地方市场分割对当地桃农的生产经营行为及绩效关系这一核心问题，从理论上展开分析，并利用统计数据、行业数据、微观调查数据进行实证研究。以期为推动桃产业的高质量发展、现代农业政策的科学完善和加快建设全国统一大市场提供决策依据；也为其他发展中国家的农业现代化和农业市场化改革提供借鉴参考。具体分目标如下：

研究目标1：揭示地方市场分割对当地桃农生产经营行为的影响。

研究目标2：分析地方市场分割对当地桃农绩效的影响，以及当地桃农生产经营行为的中介作用。

研究目标3：探讨当地桃农应对行为对其绩效的影响。

1.2.2 研究内容

为了实现上述研究目标，本文利用宏观统计数据、国家桃产业技术体系的行业统计数据以及微观调查数据，设计以下5个方面研究内容；其中，研究目标1对应研究内容1~2、研究目标2对应研究内容3~4、研究目标3对应研究内容5。

研究内容1：地方市场分割对当地桃农技术投入行为的影响研究。

首先，基于现有理论、文献以及桃产业实践，从理论上分析地方市场分割对当地桃农技术投入行为的影响机制。在此基础上，利用桃农的微观调查数据，实证分析地方市场分割对当地桃农提质技术投入的影响；进一步将提质技术分为改进型提质技术和颠覆型提质技术，考察不同提质技术影响的差异情况。最后，讨论地方市场分割对当地桃农技术投入行为影响的异质性。

研究内容2：地方市场分割对当地桃农品种选择行为的影响研究。

首先，基于现有理论、文献以及桃产业实践，从理论上分析地方市场分割影响当地桃农品种选择行为（品种栽培数量）的作用机制。再通过桃农的微观调查数据，实证检验地方市场分割对当地桃农品种栽培数量的影响。最后，讨论地方市场分割对当地桃农品种选择行为的影响在不同产区类型、经营主体间的异质性。

研究内容 3：地方市场分割对当地桃农种植净收入的影响研究。

首先，基于现有理论、文献以及桃产业实践，从理论上分析地方市场分割影响当地桃农种植净收入的作用机制。其次，采用国家桃产业技术体系产业经济课题组的桃农微观调查数据，实证分析地方市场分割对当地桃农种植净收入的影响；再利用多重中介效应模型分析桃农生产经营行为（提质技术投入、品种栽培数量）在地方市场分割方面对当地桃农种植净收入影响的中介作用；并使用调节中介模型检验桃农主栽品种情况的调节中介效应。最后，进一步考察地方市场分割对异质性桃农种植净收入影响的差异情况。

研究内容 4：地方市场分割对当地桃农桃生产技术效率的影响研究。

首先，基于现有理论、文献以及桃产业实践，从理论上分析地方市场分割影响当地桃农桃生产技术效率的作用机制。其次，采用国家桃产业技术体系产业经济课题组的桃农微观调查数据，测算桃生产技术效率。最后，实证分析地方市场分割对当地桃农桃生产技术效率的影响。

研究内容 5：桃农应对行为的增收效应研究。

本文基于地方市场分割对当地桃农生产行为与绩效的作用机制路径，探讨桃农应对行为——产业组织模式选择对其桃种植净收入的影响。首先，基于现有理论、文献以及桃产业实践，从理论上分析桃农产业组织模式选择对其绩效影响的作用机制。再采用国家桃产业技术体系产业经济课题组的桃农微观调查数据，实证检验地方市场分割条件下桃农产业组织模式选择对其桃种植净收入的影响。最后，进一步考察不同维度下桃农产业组织模式选择对其桃种植净收入影响的差异情况。

1.3 研究方法与数据来源

1.3.1 研究方法

本研究以交易费用理论、农户行为理论、产业组织理论等理论为依据，利用统计资料、国家桃产业技术体系监测数据和桃农微观调查数据，运用理论与实证相结合的分析方法，使用定量和定性的分析工具，就地方市场分割对当地桃农经营行为及绩效的影响进行研究。具体研究方法如下。

1.3.1.1 文献归纳法

通过对市场分割、桃生产技术、农户农业技术采纳行为、品种采纳行为、产业组织模式等相关文献的分析、整理与归纳，明晰国内外相关研究的动态与不足，为构建本文的框架、内容、实证模型和指标选择等提供参考。

1.3.1.2 访谈和问卷调查法

第一，通过对国家桃产业技术体系各岗位专家、主产区综合试验站专家、主产区果业管理部门负责人、桃生产经营主体等进行访谈，了解桃生产管理关键环节、技术应用、市场状况、相关政策、生产管理决策行为等，并对问卷设计进行评估与修改。第二，依托国家桃产业技术体系产业经济岗位课题组，在各主产区综合试验站协助下入户调研，对桃农进行"一对一"问卷调查，获取本研究所需的桃农生产经营情况的微观调查数据。

1.3.1.3 描述统计分析方法

采用描述统计分析方法厘清我国桃产业经济现状与发展趋势，包括贸易情况、生产情况、消费情况以及市场分割情况，明晰我国桃产业发展趋势，为本研究的理论与实证分析提供直观的产业发展背景。

1.3.1.4 计量经济分析方法

围绕研究内容 1，使用 OLS 模型、GMM 模型、FGLS 模型、Tobit 模型分析地方市场分割对当地桃农提质技术投入行为的影响。围绕研究内容 2，使用 Poisson 模型、负二项回归模型分析地方市场分割对当地桃农品种栽培数量的影响。围绕研究内容 3，使用 OLS 模型、多重中介效应模型、调节中介模型揭示地方市场分割对当地桃农桃种植净收入的影响，以及当地桃农生产经营行为的中介作用。围绕研究内容 4，使用一步法随机前沿模型测算生产技术效率，分析地方市场分割对当地桃农生产技术效率的影响。围绕研究内容 5，使用倾向得分匹配法，检验地方市场分割状况下当地桃农参与产业组织模式对其桃种植净收入的影响效应。

1.3.2　数据来源

本研究的数据包括桃农微观调查数据、统计数据、行业数据等，具体如下。

1.3.2.1　桃农微观调查数据

本研究数据来源于国家桃产业技术体系于 2021 年 10 月至 12 月在江苏、湖北、安徽和山东 4 省展开的"桃农生产经营情况"的调查。本次调查的 4 个省份是我国桃的主要产区，且 4 个省份的桃产业各具特点，其中山东产区是我国桃栽培面积最大、产量最高的产区；安徽是我国近 5 年桃产业发展最快的省份之一，省内新老产区分异显著；湖北桃的面积和产量则较为稳定，是华中主要的桃产区；江苏是我国桃优势产区同时也是主要的桃消费区。4 个省份桃栽培面积合计占我国桃总栽培面积的 1/3，并且调研区域覆盖了我国传统"四大名桃"中的两个："肥城桃"和"阳山水蜜桃"。因此，本研究选取江苏、湖北、安徽和山东四省的桃农作为研究对象既具有代表性还兼具多样性，能够较为准确地反映我国桃产业的生产经营情况。

研究样本采用分层抽样和随机抽样相结合的方式获取。首先根据代表性和多样性原则确定调查省份，得到江苏、湖北、安徽和山东 4 省作为主要调查区域。其次综合考虑生产、市场、位置、历史等因素确定在各省分别选取 2 个县（市）作为样本县（市），包括无锡市惠山区、新沂市、随县、枣阳市、六安市、砀山县、肥城市和蒙阴县。再根据产业规模和发展情况在每个县（市）选择 2 个乡镇。最后在每个乡镇随机抽取 3~4 个村，每个村随机抽取 15 位左右桃种植户作为调查对象。共发放问卷 990 份，剔除数据矛盾、数据缺失、2021 年未投产以及非本文研究的栽培模式、种植品种的问卷后，获得有效问卷 921 份。调查采取调查员和桃种植户"一对一"问卷调查的方式进行。调查问卷由国家桃产业技术体系产业经济研究室设计，经过体系各岗站专家讨论，并在各省份历经调查反馈后进行修改与完善。

1.3.2.2　相关部门和行业的统计数据

该部分数据包括：商务部农产品批发市场价格监测数据，主要用于分析桃产业经济情况和计算当地桃市场与其他市场相分割的程度以及全国总的桃市场分割程度；联合国贸易数据库（UN Comtrade Database），主要用于分析桃贸易情况；《中国统计年鉴》部分数据，主要用于绪论部分全国商品市场分割、蔬菜市场分割和干鲜瓜果市场分割的测算验证；农业农村部种植业司统计数据、国家桃产业技术体系的产业技术发展等相关报告和市场监测数据，主要用于分析桃产业经济情况。

1.4 文章框架与结构安排

1.4.1 研究框架

本文的研究框架如图1-3所示。在桃产业中，受自然因素和人为因素影响造成当地桃市场与其他市场相分割，使得外地桃经营主体和桃产品进入当地市场产生高额的交易成本和流通成本，阻碍了桃产品顺畅流通，外地桃农无法享受到当地高价桃市场或是无法实现其产品优势，同时也会影响消费者的福利水平。对于当地桃农而言，地方市场分割能够减少外地桃产品进入当地市场，减少当地桃农面临的市场竞争，保障当地桃农的市场份额，能够在一定程度上保障当地桃农的收益；但地方市场分割同样也会使当地桃农面临市场信息不充分、要素配置效率下降等问题。不仅如此，地方市场分割会通过影响当地桃农生产经营行为进而影响当地桃农的经营绩效。因此，本研究首先分析地方市场分割对当地桃农生产行为的影响，然后分析地方市场分割对当地桃农经营绩效的影响，并分析当地桃农生产经营行为的中介作用。若与其他市场相分割会使得当地桃农利益受损，那么是否存在应对措施提高其绩效。

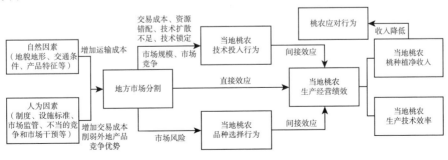

图1-3 研究框架图

1.4.2 结构框架

本研究共分为九章，各章的结构安排如下：

第1章，绪论。本章介绍了研究背景、研究问题与研究意义；提出了主要研究目标与研究内容；指出了完成研究内容所需的研究方法与数据来源，并给出了研究思路与技术路线；最后，介绍了本研究可能的创新与不足。

第2章，理论基础与文献综述。本章介绍了文章的理论基础，包括：交易费用理论、农户理论、产业组织理论、价格理论和成本收益理论，并阐述了理论对于本研究的启示。文献综述部分回顾了桃产业发展现状的研究、市场分割的研究、农户技术采纳行为的研究、农业生产绩效的研究以及产业组织模式的研究等，并对已有研究进行述评。本章还对核心概念进行了界定。

第3章，中国桃产业现状与地方市场分割特征。本章利用统计材料和调研数据，分析中国桃产业的发展现状，定性分析桃产业中导致地方市场分割的成因与影响，为实证分析提供了经验证据。

第4章，地方市场分割对当地桃农技术投入行为的影响。本章首先在研判桃产业发展趋势的基础上，界定了所要讨论的技术类型，即提质技术，对此又细分为改进型的提质技术和颠覆型的提质技术。接着，对地方市场分割和当地桃农技术投入关系进行了理论探讨。基于理论分析，实证检验了地方市场分割对当地桃农提质技术投入的影响；同时还探讨了雇工质量在两者关系间的调节作用。

第5章，地方市场分割对当地桃农品种选择行为的影响。本章首先就地方市场分割影响当地桃农品种选择行为进行理论分析。在此基础上，实证分析地方市场分割对当地桃农品种栽培数量的影响。最后，本章讨论了不同维度下地方市场分割对当地桃农品种栽培数量影响的异质性。

第6章，地方市场分割对当地桃农桃种植净收入的影响分析。首先，从理论上分析地方市场分割影响当地桃农种植净收入的作用机制。其次，利用桃农微观调查数据，实证分析地方市场分割对当地桃农种植净收入的影响；再利用多重中介效应模型分析桃农生产经营行为（提质技术投入、品种栽培数量）在地方市场分割对当地桃农种植净收入影响中的中介作用；并使用调节中介模型检验桃农主栽品种情况的调节中介效应。最后，进一步考察地方市场分割对异质性桃农种植净收入影响的差异情况。

第7章，地方市场分割对当地桃农桃生产技术效率的影响。首先，从理论上分析地方市场分割影响当地桃农桃生产技术效率的作用机制。其次，采用国家桃产业技术体系产业经济课题组的桃农微观调查数据，利用随机前沿模型测算桃生产技术效率。最后，实证分析地方市场分割对当地桃农桃生产技术效率的影响。

第8章，桃农应对行为的增收效应：基于产业组织模式的分析。基于地方市场分割影响桃农生产行为与绩效的机制路径，本章探讨桃农应对行为——产业组织模式选择对其绩效（桃种植净收入）的影响。首先，从理论上分析桃农产业组织模式选择对其绩效影响的作用机制；其次，采用桃农微观调查数据，实证检验地方市场分割背景下桃农产业组织模式选择对其绩效的影响；最后，进一步考察不同维度下桃农产业组织模式选择对其绩效影响的差异情况。

第9章，研究结论与政策建议。该章概括性地提炼了全文研究的结论，并进行了进一步的讨论。在研究结论基础上，结合国家政策、产业发展等，提出相关的政策启示。

1.4.3 技术路线

基于我国农业产业和桃产业实践现状，提出本研究的目的、问题及研究意义。首先，在明确研究目标后，梳理交易费用理论、农户理论、产业组织理论，归纳总结相关文献，明晰现有研究现状以及不足。再者，文章按照中观产业特征→微观桃农行为与绩效→应对措施的逻辑顺序，遵循理论与实证相结合研究方式展开研究。在中观产业层面，利用统计材料和调研数据，分析中国桃产业的发展现状、桃产业地方市场分割特征，定性分析何种原因造成地方市场分割，以及在这种状况下对当地桃农的影响。在微观桃农层面，按照"行为-绩效-措施"的思路，主要有三部分研究内容：一是地方市场分割对桃农生产经营行为的影响，本文基于桃产业发展现状和趋势，聚焦桃农提质技术投入行为和品种栽培数量的选择行为；二是地方市场分割对当地桃农生产经营绩效的影响，本文考察地方市场分割对当地桃农种植净收入的影响以及当地桃农行为的中介作用，地方市场分割对当地桃农生产技术效率的影响；三是分析当地桃农应对行为的效应，即在地方市场分割状况下，当地桃农参与产业组织模式能否有效提高其桃种植净收入。最后，总结本研究的结论并提出政策启示。图 1-4 为技术路线图。

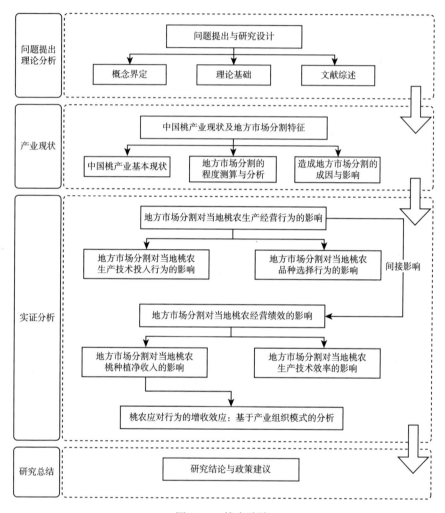

图 1-4　技术路线

1.5　可能的创新与不足

1.5.1　可能的创新

第一，本研究揭示地方市场分割对当地桃农生产经营行为及绩效的作用效果与机制，为理解农业经营主体生产经营行为和经营绩效提供了另一种视角，对于理解现代桃产业转型的微观机制具有重要意义。

第二，深化了市场分割在"三农"领域的研究层次。尽管对于市场分割的研究浩如烟海，并且也指出了农业市场存在着较为严重的市场分割情况，但已有研究更多是停留在测算层面。本研究在测算市场分割的基础上，将使用微观农户数据展开进一步研究，分析地方市场分割对当地桃农生产经营行为和绩效的影响，对于补充相关文献具有一定价值。

第三，本研究不仅探讨了人为因素造成的地方市场分割对当地桃农生产经营行为及绩效的影响；还揭示了自然因素造成的地方市场分割对当地桃农生产经营行为及绩效的影响。过往研究更多聚焦在人为因素的影响，而以桃为代表的易腐鲜活农产品受自然因素影响同样很大，本文对此展开分析以期补充相关文献。

1.5.2 不足之处

由于笔者学术水平和学识有限，以及一些客观因素限制，本研究尚有不足和需要继续深化的地方，主要体现在以下两个方面：

第一，本研究是以鲜食桃为研究对象，未涉及加工桃。尽管加工桃在我国桃产业生产比重较低，但是对于加工桃的生产布局是未来桃产业发展的重要方向之一。本研究考虑到其作用机制差异较大，未对生产加工桃的农户进行分析，望在以后的研究中进行补充和完善。

第二，本研究主要针对桃主产区进行微观调研，未涉及非主产区桃农。一是国家桃产业技术体系综合试验站均设置在主产省份，依托各试验站进行调研具有先天的优势；二是受2021年后半年以来的新冠疫情影响，数据收集工作进展十分缓慢，很大程度上已经无暇收集非主产省份桃农生产经营数据。考虑到桃主产省份在我国桃生产中的占比程度高，就暂未将非主产区列入研究当中。如果能够追加非主产省份桃农的生产经营数据，或许研究结果更能反映全国整体状况，望在以后的研究中能够予以弥补。

第三，本研究仅分析了地方市场分割对当地桃农的生产经营行为与绩效，今后还要探讨其对外地桃农的影响，以及测算和分析在统一大市场条件下各类地区桃生产主体与消费者福利问题。

第2章

理论基础与文献综述

本章首先对所涉及相关概念的内涵和外延进行界定，其次介绍相关理论及其对本研究的启示，最后从桃产业发展形势、市场分割、农户农业技术采纳、农户经营绩效、农业产业组织模式及其影响等方面进行具体论述。

2.1 概念界定

为了更好地开展本研究，对所涉及相关概念的内涵和外延进行界定。

2.1.1 地方市场分割

本研究和众多主流研究一样，同样是从"非整合的市场状态"这一层面来定义地方市场分割。为此，本研究将地方市场分割定义为：受交通条件、产品特性等自然因素影响，以及地方政府或非政府出于当地权益，通过各类人为手段采取地方保护措施所形成的阻碍地区之间商品和要素自由流动的市场非整合状态。在本研究中特指鲜食桃市场：即受交通条件、鲜桃产品特性等因素影响，以及地方政府或非政府出于当地权益，通过各类人为手段采取地方保护措施所形成的阻碍地区之间鲜桃产品自由流动的桃市场非整合状态。

对于地方市场分割的测算方法在第3章中将进行详细说明。本研究涉及的地方市场分割，是从地区间市场的视角进行分析。学界对于市场分割的理解主要有两个方面。一方面，市场分割是一个行为或者过程，较为权威的定义是：地方市场分割是指地方政府为了维持或扩大当地权益，通过行政手段限制外地资源进入本地市场或限制本地资源流向外地的行为（邓明，2014；余东华、刘运，2009；银温泉、才婉茹，2001）。另一方面，更多研究将地方市场分割视为一种状态，将地方市场分割定义为国内地区间商品或要素市场非整合（非统一）的市场状态，地区间的商品或要素流通存在一定阻碍、摩擦。众多研究都是针对市场非整合的状态，探讨这种非整合的市场状态对国民经济、产业发展以及微观个体活动的影响效应（李增福等，2020；马述忠、房超，2020；曹春方等，2018；付强、乔岳，2011；陆铭、陈钊，2009；陆铭等，2004）。

这种非整合的地方市场分割状态主要受到两方面因素的影响。一是受地区之间的空间距离、地理特征、交通条件，以及商品特征、风俗习惯等自然、历史因素影响；二是受地方政府的各类地方保护措施、产业政策等以及出于维护地方或自身利益的非政府方面的人为因素影响。当前，由地方政府的地方保护主义行为造成的市场分割现象，是相关研究中的主流。

为了使本研究对地方市场分割产生机制以及地方市场分割对当地桃农影响机制的表述更加准确和清晰，本文还对与市场分割关系紧密的统一市场、市场壁垒两个概念进行辨析。

所谓统一市场，与地方市场分割相对，是指由市场机制来统一协调的一体化、开放化、竞争化、有序化的这种既具有内在特征，同时又具有规模巨大、结构完整、功能强大、机制灵活、环境优化等显著外在特征的市场。使得各个地区的经济在社会分工和商品经济高度发展的基础上融合成一个相互依存的、有机统一的市场（孔令池，2018）；在统一市场内各个地区、区域之间彼此依赖，商品密切联系，商品和要素流通没有阻碍，能够自由流动（纪宝成，2007）。国内统一市场要求各类市场主体平等进入各类市场并使用生产要素，消除地区之间、部门之间的阻碍。

市场壁垒和市场分割常被混用，建立市场壁垒是地方政府的策略选择，即地方政府出于满足其决策目标的目的，主动采取的限制要素、商品自由流动的行为，而市场分割则是博弈各方做出关于建立市场壁垒的决策之后，区域间形成的阻碍要素、商品自由流动的市场非整合状态。从博弈论术语来说，市场壁垒是地方政府博弈过程中的策略选择，而市场分割则是博弈结束后的均衡状态，从现实情境来说，市场壁垒是地方政府采取地方保护措施、阻碍跨区域市场自由竞争的行为，而市场分割是各地政府在做出这些行为后所形成的市场非整合的结果。

由自然因素造成的与其他市场相分割主要会提高商品和要素流通运输

成本；由人为因素造成的与其他市场相分割则会产生较高的交易成本。地方市场分割的程度，可以采用商品和要素在市场间流通的阻碍因素以及摩擦成本来测算。因此，用"一价定律"可以很简单地进行测算。在相对统一的市场状况下，商品和要素能够自由流动，不同市场之间的价格差异必定会缩小。反过来，可以用桃在市场之间的价格差异来衡量与其他市场相分割的程度，桃的价格差异越小，说明与其他市场之间的阻碍因素和摩擦程度越小，与其他市场相分割的程度越低。除了采用基于"一价定律"的"冰山"成本模型测算外，还可以从产生分割的具体原因上入手，采用问卷调查方式测算，具体的测算方式在第3章详细列出。

需要强调的是，这里的地方市场分割没有绝对意义上的"隔绝"，而是商品或者要素在不同市场间流通会受到一定自然或人为方面的障碍、摩擦，从而使得流通成本增加、交易成本上升，削弱对当地桃产品具有冲击力的外地桃在当地市场的竞争力，以期达到保护当地桃产业/桃农利益的目的。因此，不同地区具体情况不同，当地的地方市场分割程度也存在差异。

2.1.2　桃农

本研究中的桃农，指的是以营利为目的的桃农。考虑到我国桃以鲜食为主（占80%以上），加工桃比重较低，且加工桃与鲜食桃的生产经营存在一定差异。因此，本研究只聚焦种植鲜食桃的农户，研究其生产经营行为与绩效。此外，本研究的研究对象特指当地桃农，分析地方市场分割对当地桃农生产经营行为与绩效的影响。

2.1.3　桃农生产经营行为

本研究根据桃产业实践和国家桃产业技术体系的重点工作，将桃农生产经营行为聚焦在两个方面，分别是技术投入行为和品种选择行为。

2.1.3.1　技术投入行为

本研究中技术投入行为特指提质技术投入行为。所谓提质技术，指使用这些技术的目的是提高桃果的质量以获得溢价，提高经营收益。包括控制果形、规格、果皮颜色、果皮外观、口感等以提高桃果等级的生产技术以及绿色生产技术。在本研究中，将控制果形、规格、果皮颜色、果皮外观、口感等以提高桃果等级的生产技术命名为"传统技术"，这类以花果管理技术、水肥管理技术等为代表的生产技术，通过改变桃生产中的光热水肥等组合来影响桃果形、规格、果皮颜色、果皮外观、口感，进而提高桃果等级。将绿色生产技术命名为"绿色技术"，这类技术在一定程度上改变了产品属性，赋予产品一定的"标签"特征，使得有别于市场上的其他产品，如"绿色农产品""有机农产品"等。考虑到桃产业中绿色生产技术以绿色防控为代表，因此，"绿色技术"特指以性诱剂、物理防治等为代表的现代农业绿色防控技术，减少传统化学肥药使用，实现环境友好，保障食品安全。无论是何种技术，其目的都是为了提高桃果的质量以增加溢价水平。

2.1.3.2　品种选择行为

本研究中品种选择行为指的是桃农品种栽培数量，而衡量指标中的桃农品种栽培数量指的是具体数值。

2.1.4　桃农经营绩效

本研究中桃农经营绩效共有两个指标，一是桃种植净收入，二是生产技术效率。文中的净收入指桃果总产值减去种植、销售过程中投入的总成本后的余额。根据《全国农产品成本收益资料汇编》，总产值为桃主产品和副产品之和；总成本包括物质与服务费用、人工成本（家庭用工折价和雇工费用）、土地成本（流转地租金和自营地折租）；净利润＝总产值－总成本。生产技术效率则是通过随机前沿模型测得的生产技术效率值。

2.1.5　桃产业组织模式

结合已有文献，本文将桃产业组织模式分为三类，分别是横向协作模式、纵向协作模式和完全市场模式。

（1）横向协作模式。桃农加入桃专业合作社，享受合作社提供的相关服务，或者通过合作社统一销售桃产品。

（2）纵向协作模式。桃农同下游企业存在契约关系，接受下游企业提供的培训、生产等方面的服务，按照一定合同约定生产桃产品，并销售给该企业。

（3）完全市场模式。桃农与下游主体之间为纯粹的市场关系，不存在契约关系，没有合作关系，桃农完全自主生产和销售桃。

2.2 理论基础与启示

2.2.1 交易费用理论

交易费用理论是以"交易"为基本分析单位，用比较制度分析方法研究经济组织的制度理论。1937 年科斯在其《企业的性质》中首提"交易费用"概念，威廉姆森则是交易费用理论的集大成者，使得交易费用理论形成完整体系。科斯指出，交易成本由信息搜寻成本、谈判和签约成本、监督成本和解决交易违约等成本组成。威廉姆森系统地分析了交易费用的决定性因素，包括人的因素、与特定交易有关的因素以及交易的市场环境因素三类。

2.2.1.1 人的因素

威廉姆森对人的假设是"契约人"，"契约人"的行为是有限理性和存在机会主义行为，而非"经济人"的理性行为。其中，有限理性指的是人主观上是理性的，但在客观上只能做到有限条件下的理性选择。由于无法预测未来可能发生的情况，合约自然也就无法穷尽所有情况。因此，合约是不完全的，也就会导致交易费用的增加。机会主义行为是交易过程中双方不仅追求个人利益最大化，同时还采用不合规不正当的手段谋求个人利益，由此产生信息不对称，导致合约风险问题，从而提高了交易成本。

2.2.1.2 与特定交易有关的因素

与交易有关的因素包括资产专用性、不确定性和交易频率。其中，资产专用性指的是某种耐久性投资用于特定的交易而无法转为他用，即使进行资源重新配置也会存在重大经济损失。资产专用性可以分为五类，一是场所专用性，如桃园存储场所；二是有形资产的专用性，如桃分选设备；三是人力资本专用性，如积累的桃生产种植技术等；四是专项性资产；五是品牌资产专用性，如打造的桃专用品牌。与资产专用性相关联的就是"敲竹杠"的机会主义行为。不确定性特指交易环境和交易者行为的不确定性，这是一个动态的概念，意味着交易的不稳定。交易频率指的是一定时间内的交易次数。经常性或者多次性的交易比一次性交易使得规制结构的费用更容易被补偿，而桃的交易市场更多是"现货交易"，这种一次性交易使得桃果的交易费用较高。

2. 2. 1. 3　交易的市场环境因素

交易的市场环境因素是市场中潜在的交易对手的数量。这与进入市场的门槛有着一定的关系，如果进入市场的门槛较高，那么完全竞争市场就会逐渐被垄断市场所代替；如果进入市场的门槛较低，则意味着原先市场中的"赢家"并非真正的"赢家"，其需要持续面对市场竞争。事实上，市场分割在很大程度上就是提高了外来竞争者进入市场的门槛，从而为本地桃农提供一定的市场规模和保持竞争优势。

交易费用理论的提出为研究农业生产组织问题提供了一个有力的分析工具，但也应该指出，该理论强调企业节约交易费用的功能，忽视了企业的生产功能，在运用该理论分析问题时须注意二者的结合。

2. 2. 2　农户理论

农户理论是分析农户农业生产决策的重要理论基础，农户理论主要形成了如下四大学派。

2. 2. 2. 1　恰亚诺夫的"劳动消费均衡"理论

该理论流派的代表人物是俄国的恰亚诺夫。需要指出的是恰亚诺夫研究的对象是俄国革命前小农，恰亚诺夫在其著作《农民经济组织》中指出，俄国小农的经济行为无法用资本主义的学说进行解释。俄国小农农场经营模式与资本主义的农场经营模式不同，俄国小农农场是家庭式农场，不雇佣劳动力或者很少雇佣劳动力，并且还会将劳动力用于非农生产上；而资本主义的雇佣劳动农场制，则主要依赖于雇佣劳动经营农场。因此，两者的经营目标、经营行为、经营方式、成本收益计算等都存在差异。对于资本主义的雇佣劳动农场而言，是追求利润最大化。对于俄国小农农场而言，则没有"工资"范畴，对于劳动耗费的评价采用的是"满足程度"的主观评价。因此，劳动收益的主观差异体现在：需求满足程度和劳动辛苦程度之间的均衡情况，若没有实现均衡状态，即使劳动报酬水平较低，农户仍会投入劳动，因为其劳动投入存在"自我剥削"；而在平衡状态下，刺激农户投入更多的劳动力则需要相当的报酬。恰亚诺夫认为，处于前市场时代的小农经济有独特的运行机制，现代市场经济运行规律是无法解释的，改造传统农业的途径在于农户走"合作化道路"。

2.2.2.2 舒尔茨和波普金的"利润最大化"理论

该理论的代表性人物是美国的舒尔茨。舒尔茨认为：在充分竞争的市场环境下，无论是传统小农还是现代资本主义的农场主，都是"理性"的，追求"利润最大化"。传统农业之所以停滞，是因为在传统农业生产中生产要素长期保持不变。因此，要改造传统农业就需要引入新的生产要素（如现代化农业生产技术），同时对农民进行人力资本投资。

在舒尔茨的基础上，波普金对农户行为的"理性"范畴进行了扩展，他在《理性的小农》中指出，农民是"理性"的个人，或者是追求家庭总体福利最大化。因此，农民会根据个人偏好、价值观等评估其行为可能产生的后果，再做出能够最大化期望效用的行为决策。在"经济理性"和"期望效用最大化"假设的基础上，波普金建立了"公共选择理论"，由此来揭示农民社会和农民行为。

2.2.2.3 黄宗智的"农业内卷化"理论

黄宗智认为对于农户行为，既不能简单用"利润最大化"理论解释，也不能单纯使用"劳动消费均衡"理论解释。基于20世纪30年代到70年代中国农村经济现状，黄宗智提出一个相对折中的理论，即农户行为既受到家庭劳动结构限制，又受到市场经济的影响。对于经营式农场而言，"利润最大化"理论能够合理解释其经营行为；而家庭经营则适合用"劳动消费均衡"理论来解释。

黄宗智还对劳动投入存在"自我剥削"的现状给出了新的解释。黄宗智指出，小农家庭没有相对于边际劳动投入的边际报酬概念，在人均耕地面积不足的背景下，生存压力会使得农户的劳动投入水平非常高，直至边际产出为零，因此会存在边际报酬十分低的情况下仍继续投入劳动的现象。由于农户无法转移过多的家庭劳动力从事非农生产，小农经济承载了大量的农村剩余劳动力，从而导致"过密化"。基于此，黄宗智认为，20世纪80年代以前中国农村经济发展缓慢，主要是因为"过密化"，因此要推动中国农村经济的发展，应该走"工业化"的"反过密化"道路。

2.2.2.4 斯科特和利普顿的"风险厌恶"理论

同"利润最大化"理论一样，"风险厌恶"理论也假定农户是对期望目标最优化追求的经济单元。"风险厌恶"理论的基本观点是：确定等价物大于期望货币值，则是风险喜好；确定等价物小于期望货币值，则是风险厌恶；确定等价物等于期望货币值，则是风险中立。利普顿和斯科特将"风险厌恶"理论推到极致，他们认为，对于贫困小农而言，生存才是第一重要的。由于贫困小农的生活接近生存线的边缘，"利润最大化"并不是其考虑的重要因素，典型情况是贫困小农力图避免的是可能毁灭自己的生产歉收。因此，贫困小农的生产行为是规避风险的，要尽可能减少损失。

2.2.3　产业组织理论

产业组织理论对产业组织有如下的定义：在同一产业内，企业间的组织或市场关系。产业组织理论基于微观经济理论，分析市场与组织结构、组织行为、组织绩效的相互关系，以及市场与组织的行为对产业内资源配置效率的影响。并逐步建立了完整的产业组织理论分析范式。

其中，SCP范式主要用于分析市场结构、市场行为和市场绩效的关系，即"结构-行为-绩效"的分析框架。由于引入了竞争市场理论、交易费用理论等，SCP范式的研究重点从关注市场结构转向重视市场行为，即从"结构主义"向"行为主义"转变。在SCP范式中，结构（Structure）主要包括市场集中度、规模经济、市场进出障碍、政府管制、产品差异等。行为（Conduct）是指现存制度结构下相关利益主体的行为选择，涉及经营策略、技术研发等诸多方面。绩效（Performance）是市场结构和行为所带来的收益与成本的比较，包括资源配置效率、利润、生产率等。SCP范式主要是研究产业组织间的纵向一体化关系，未涉及组织内部的制度安排、经济环境等对组织的影响（郭锦墉，2020；刘洁，2011）。

SSP范式主要用于分析经济环境或经济环境中的经济制度如何决定经济绩效，即"状态-结构-绩效"的分析框架。在SSP范式中，状态（Situation）是制度或者组织面临的外部环境约束，包含资源状态、产业特性、产品特性、市场状态、交易特性以及制度环境等，对于组织而言，这些状态是客观给定的。结构（Structure）则是制度和权利所构成的内部环境因素，和固有状态不同，制度和权力结构是人类选择问题，是绩效产生变化的工具。该范式中的绩效（Performance）则是状态和制度权力选择的后果。Schmid所构建的SSP范式侧重的是制度影响，强调经济环境对经济结果的作用，但是该范式没有充分考虑到组织的行为决策对绩效的影响。

2.2.4 均衡价格理论

均衡价格理论是由马歇尔提出，均衡价格是指在完全竞争市场下，一种商品的均衡价格是由供给价格和需求价格共同决定的，即均衡价格是供给价格等于需求价格时的价格。因此，在分析价格变动时就需要同时考虑供给和需求。

2.2.4.1 供给及供给变动

经济学中的供给是指，生产者在某一特定时期内，在每一价格水平上愿意并且能够生产的一定数量的商品或劳务。这里存在供给量的变动和供给的变动两个概念。其中市场供给量一般不是生产量，因为生产量中有一部分用于生产者自己消费或还可以有一定的库存量。供给量的变动是指，在其他条件不变时，该商品价格变动引起的供给量的变动；供给的变动是指该商品价格不变的情况下，其他因素变动所引起的供给的变动，在图形上表现为供给曲线的平行移动。引起供给变动的因素包括：①生产能力和技术。生产能力指的是生产者进行固定资产投资后获得的最大生产量，生产能力越高供给则会越多；生产技术提升则能够提高生产效率，通过生产效率的提升而促进供给增加。②生产要素价格。生产要素的价格与供给之间是负向关系，生产要素价格的上涨会使得单位投入获得的产品数量下降，或者是同等产量下生产者的利润被压缩。③相关商品的价格。包括互补品和替代品价格，生产者会根据相关产品价格的变动重新衡量成本收益情况，进而调整供给。④生产者预期。一般来说，预期积极则供给增加，预期消极则供给减少。⑤政策。作为外生冲击，政策对生产者影响重大。如环境规制、市场分割等都会对生产者的供给产生影响。⑥自然因素。在农业生产中，自然灾害会使得供给减少，风调雨顺的年份供给量会比较高。而在销售环节，商品品质、生产者的现金流需要、预期价格等都会影响销售量。在完全竞争市场上，短期内市场供给是所有生产者对某类商品的短期供给总和，是在一定地区、一定时间、市场范围内可提供给消费者的某种商品或劳务的总量。

2.2.4.2 需求及需求变动

需求理论是指消费者（家庭）在某一特定时期内，在每一价格水平时愿意并且能够购买的商品量。因此，需求是购买欲望与购买能力的统一。

这里同样存在需求量的变动和需求的变动两个概念。需求量的变动是指其他条件不变的情况下，该商品价格变动引起的需求量的变动，在图形上表现为需求曲线上点的移动；需求的变动是指该商品价格不变的情况下，其他因素变动所引起的需求的变动，在图形上表现为需求曲线的平行移动。引起需求变动的因素有：①消费者偏好。一般来说消费者对于该商品偏好程度越高，在消费者可负担能力内消费需求量就越多。②收入水平。桃作为正常商品，收入的增加会提高消费者（家庭）对桃的需求。③相关产品的价格。包括替代品和互补品，例如苹果、梨等果品是桃的替代品。替代品价格下降会带来本商品需求下降；互补品价格则与本商品需求呈负相关。④价格预期。价格预期会带来消费者短期内行为的变化，一般来说消费者预期某类商品价格会在未来上涨，则会刺激其提前购买该类商品。除了上述提到的因素外，影响消费需求的因素还包括商品的品种、政策、广告以及外部冲击（如疫情）等。

2.2.4.3 均衡价格的形成与变动

均衡价格是指在完全竞争市场条件下，生产者所提供的某种商品的供给量等于消费者对该商品的需求量时的市场价格。均衡价格由供给和需求同时决定，在均衡价格下的市场交易量为均衡产量。当市场价格高于市场均衡价格时，生产者提供的供给量大于消费者购买的消费量，存在超额供给，引发生产者之间的激烈竞争，市场价格随之下降，直到等于均衡价格。当市场价格低于市场均衡价格时，消费量大于供给量，此时存在超额需求，市场价格上升，直到等于均衡价格。可以看出，无论是高于均衡价格还是低于均衡价格，只要市场价格偏离均衡价格，市场就会出现供求不平衡状态，而这种非平衡状态又会在市场机制的作用下逐渐向均衡状态靠拢，直至恢复到均衡状态。

2.2.5 成本收益理论

2.2.5.1 成本的经济含义

成本是指企业为了生产和销售一定种类和数量的产品所耗费的各种资源的货币表现。根据成本定义、内容和性质的差异，有经济成本和会计成本之分。其中，经济成本是指为完成某项目而付出的经济代价，即所投入的全部物质资源；经济成本包括投资成本、运营成本和外差成本；同时经济成本是显性成本与隐性成本二者之和。会计成本是指企业在经营过程中所实际发生的一切成本;会计成本包含工资、利息、土地和房屋的租金、原材料费用、折旧等;同时会计成本是显性成本,可以用货币计量,会在会计账目上反映出来。本研究涉及的生产成本数据来自《全国农产品成本收益资料汇编》,该资料是基于会计成本核算指标而来。桃生产经营的总成本由生产与销售成本和土地成本构成。生产和销售成本可以细分为物质与服务费用、人工成本。物质与服务费用分为直接费用和间接费用;人工成本分为家庭用工折价和雇工费用,直接费用进一步细分为桃苗费用、农药费用、化肥费用、有机肥费用、燃料动力费用、包装费用等14个项目,间接费用可进一步细分为固定资产折旧、税金、保险费等6个项目。具体分析如下:

(1)土地成本。土地成本是指通过流转获得桃栽培用地的经营使用权而实际支付的费用。如果桃栽培用地是自己承包的,则参照当地土地转包费或者承包费净额来进行折算。

(2)人工成本。人工成本包括家庭用工折价和雇工费用。其中:①雇工费用是桃生产经营过程中,因雇用他人劳动而实际支付的费用,该费用包括支付给被雇用工人的实际工资,以及为此提供的饮食费、住宿费、保险费等。②家庭用工是指桃生产经营过程中,种植者和家庭成员的劳动、与他人相互换工的劳动以及他人单方无偿提供的劳动用工。家庭用工折价则是指按一定方法和标准折算的家庭用工成本,反映了桃种植户劳动用工投入桃种植的机会成本。计算公式为:家庭用工折价=劳动日工价×家庭用工天数。

(3)物质与服务费。①桃苗费用是指购买或者自己繁育的桃苗费用,如果是自己繁育的则按照该桃苗的当地市场均价进行折算。②有机肥费用中农家自产的肥料费用按照市场价格进行折算。③套袋费用中包括了人工费用和果袋购买费用,这里计算的是果袋购买费用,套袋的人工费用则计入人工成本。④固定资产是指在桃种植过程中投资的单位价值在一百元以上且使用年限超过一年的物质资产,包括生产过程中用到的工具、设备、机械、运输工具等,按照设备预计使用年限进行折旧。

2.2.5.2 收益的经济含义

经济学中的收益是指厂商卖出产品得到的全部货币收入,即价格与销售量的乘积。收益中既包括了成本，又包括了利润。这里的收益并不等于利润，不是出售产品所赚的金额，而是出售产品所得到的金额。所得到的金额中，既有用于购买各种生产要素而支出的成本费用，也有除去成本费用后所余下的利润。

收益可以分为：总收益（$Total\ Revenue$，TR），等于产品单价（P）乘以销售数量（Q），可用公式表示为 $TR=P \times Q$；平均收益（$Average\ Revenue$，AR），是指厂商销售每单位产品和劳务所得到的平均收入，它等于总收益除以总销售量，就是单位产品的市场价格，可用公式表示为 $AR=TR/Q=P \times Q/Q=P$；边际收益（$Marginal\ Revenue$，MR），是指厂商每增加销售一单位产品使总收益所增加的收入。

成本与收益是一对相互联系的概念。生产者的目的是得到收益，而获得收益则需要付出成本。成本收益理论也叫做成本收益分析，成本收益分析方法的前提是追求效用最大化，要求生产者对未来行动有预期目标，并对预期目标的实现概率有所把握。

2.2.6　对本研究的启示

交易费用理论为本研究提供了启发。交易费用理论是以交易作为基本的分析单元，交易主体、交易客体和交易环境决定了交易费用。威廉姆斯认为，"契约人"的行为特征不同于"理性人"，"契约人"存在有限理性和机会主义倾向；而交易的不确定性干扰着交易者的行为；此外，交易的市场环境存在诸多竞争对手。这为本文理解桃农生产经营行为带来启示，苗木市场中苗木商掌握的信息远比桃农充分，因此苗木商会存在严重的机会主义倾向；商品市场中存在不确定性，桃的价格是不稳定和不能确定的，市场分割还使得价格机制紊乱，增加了交易市场的不确定性。市场分割影响交易环境，会对本地桃农的市场规模和竞争产生影响，由于市场竞争有利于市场主体的优胜劣汰，所以它对于桃农而言是一种有益的生存压力，桃农只有学会竞争，能够竞争和善于竞争，才能在市场经济的环境中获得生存和发展的条件。因此，交易费用理论为本研究分析桃农行为提供了一定的理论启示，桃农品种选择行为会受到其有限理性、苗木商的机会主义以及桃市场价格不确定性影响；桃农的技术投入行为会受到市场规模、竞争、交易市场不确定性影响。

　　根据产业组织理论，产业组织模式的选择能够影响组织绩效，市场分割和桃产业现状是本研究的环境基础，在此环境背景下桃农通过选择参与产业组织模式改善其生产经营绩效。反之，桃农种植绩效则能够检验不同产业组织模式的现实有效性，对优化桃产业组织体系、提高桃农经营绩效具有重要意义。

　　农户理论的各个流派对于农户行为的诠释是基于不同的历史时期、经济与政治环境的，并且在研究方法上也具有差异，因此各流派对于农户的分析具有特定条件下的合理性。这启示本文对于桃农行为的分析要结合桃产业发展状况、市场环境、经济与社会环境等。因此，本研究结合当前的桃产业发展状况、经济社会发展状况，从桃农提质技术投入、品种栽培数量方面选择合适的理论模型考察市场分割对桃农生产经营行为的影响。

　　均衡价格理论是假定在完全竞争市场条件下，供给和需求是决定商品价格最基本的两个因素。供给价格（即生产者对该商品出售的价格）和需求价格（即购买者所愿意支付的购买价格）一致时的价格就是该商品市场均衡价格。在对桃农生产经营行为和绩效的经济学分析中，需要将需求理论和供给理论结合起来同时考虑。地方市场分割使得桃产品供给与需求匹配出现偏离，市场价格机制失灵，桃农生产经营行为偏离最优决策，影响经营绩效提升。

2.3　文献回顾

2.3.1　桃产业发展现状

　　把握桃产业发展格局。目前我国桃产业形成了从生产、批发到零售/加工的完整产业链，整个供应链以批发市场连接生产与消费（谢继蕴、李崇光，2019；桃产业技术体系，2016）。批发市场以交易功能为主，管理、服务手段落后，运输和销售过程中的损耗大，桃销售市场是"大市场，小业户"的格局，市场流通无序，产业"两头散，中间乱"问题突出，桃市场供应链结构以批发市场为界分为"生产—流通"和"流通—消费"两个环节（国家桃产业技术体系，2016）。这种当日现货交易机制决定了只能存在单纯的市场关系，市场竞价力量集中于批发商，使得产区价格被收购商控制，消费市场价格被渠道控制（卢奇等，2017；黄建华，2016）。在生产环节中，小农户是桃产业生产经营的主体，桃生产比较收益低；桃园95％的工作由人工完成，机械化程度低，人工成本高，在"成本地板"和"价格天花板"的"双板挤压"下，桃农增收困难；劳动力素质低和年龄高制约了桃产业持续发展（王真等，2019；刘奇，2018；韩俊，2018），生产环节"一低两高"问题凸显。小农户没有寻找和采用新要素的动力（Schultz，1964），而规模户对于新要素的采纳动力以及利用效率明显更高（陈超等，2018）。此外，农户化肥农药使用超量，生态环境破坏（叶兴庆，2017），且倾向多品种种植，仅常见的主栽品种就超过 200 个（桃产业技术体系，2016），严重制约产业标准化建设。在消费市场，普通桃基本处于饱和状态，消费者对于绿色优质桃产品具有强烈需求。但消费者对桃品质没有区分能力，难以对质量进行识别。桃产品价格呈现区域性和不稳定性特征，价格区域差异大且波动明显，供需不匹配问题显著（朱更瑞，2019；国家桃产业技术体系，2016）。

2.3.2　市场分割概念、影响与治理

目前，围绕市场分割的研究大致分为以下四类：一是，何为市场分割？包括市场分割的概念与内涵、市场分割的测算以及在此基础上对于市场分割变动趋势的判断。二是，市场分割产生的原因。三是，市场分割带来的影响。包括对宏观经济、区域经济、行业以及微观个体的影响。四是，市场分割的干预及治理。包括促进统一市场、市场一体化的政策措施，以及微观企业如何应对等研究。

2.3.2.1　何为市场分割

（1）市场分割的概念内涵。目前，对于市场分割的具体定义在学界并未达成完全统一。一般来说，市场分割主要是指区域市场之间的非整合状态，与"统一市场"的概念相反（刘志彪、孔令池，2021；张昊，2020；陆铭、陈钊，2009）。《中共中央　国务院关于加快建设全国统一大市场的意见》中指出统一大市场是一个基础制度规则统一，设施高标准连通，要素和资源市场、商品和服务市场高水平统一，市场监管公平统一，不当市场竞争和市场干预行为进一步规范的大市场。银温泉、才婉如（2001）在研究我国国内地方市场分割时对此进行了定义，认为市场分割是限制外地资源流入本地市场，或者是限制本地资源流入外地市场，即限制了资源的

自由流动。而马克思主义理论则指出，由于资本主义生产随着本身的发展而扩大市场，从而扩大市场的边沿，市场远离中心产地的距离，不断延长市场的半径，从而延长流通时间。表明了随着分工深化，消费市场与生产产地分离，市场的范围边界不断扩大。这种分工深化体现了市场范围扩大的同时市场也在逐步趋向整合，这是市场由分割走向整合的动态过程（范欣，2016）。这一观点事实上表明了市场分割是一个动态的过程，换句话说没有绝对意义上"与世隔绝"的经济，同样也不存在绝对意义上的"统一市场"，市场分割是逐步减弱的状态。实际上，这一观点也暗含了资源是能够自由流动的，也就无法很好解释当前某些区域的市场由整合走向分割的现象；而且这一观点也无法说明当前中国区域市场分割衍生的内在根源（卞元超，2019）。

（2）市场分割的测量。目前，对于市场分割的测度方法大致有五类，分别是：①生产法（付强，2017；白重恩等，2004；Young，2000）。顾名思义，生产法是从生产领域来测算市场分割程度，主要指标包括行业产出值、行业企业数量、销售额、税收等，而这些指标又和市场分割存在相关关系，使得逻辑无法自洽。②贸易流法（行伟波、李善同，2010）。利用流通、贸易数据来测算市场分割程度，尽管该方法能够直观反映区域间的流通和贸易壁垒，但是区域间的分工、产业结构往往会使得结果估计不准确。③经济周期法（Xu，2002）。经济周期法是利用经济周期在地区之间的同频互动来观察地区市场分割情况，但地区经济与整体经济的同步情况受到诸多因素的影响，难以将市场分割的作用很好地体现出来。④问卷调查法（马述忠、房超，2020；李善同等，2004）。问卷调查法则是通过设计问卷，收集一手数据资料来测算经济主体受市场分割影响的程度。⑤价格指数法（李增福等，2020；张昊，2014；桂琦寒等，2006；Parsley 和Wei，2001）。价格指数法是通过各地区间商品价格的差异来衡量国内市场分割程度，包括相关分析法、协整分析法和相对价格法，其中相对价格法是价格法中运用最多的方法。但是，该方法测算的产品数量有限，难以反映整体的市场分割情况（冯笑、王永进，2022）；同时价格指数为加总指标，可能会造成测算偏误（Elberg，2016）。在市场分割程度测算的主要方法中，相对价格法数据获取便利，因此为最常用方法，问卷调查法测算准确但数据获取的成本高。其中，相对价格法通常使用实地价格（张昊，2014；Parsley 和 Wei，2001）和价格指数（李增福等，2020；徐保昌、谢建国，2016；黄新飞等，2013）这两类指标来测算。由于测算方法的不同，指标选择和衡量标准存在差异，结果也会有所不同。一般来说，相对价格法测得的数值反映地区整体层面的情况，其测算所需的数据也更容易获取；问卷调查法测得的数值能反映微观个体情况，更接近事实真相，对研究微观个体的行为更加适用，同时也更具说服力（叶宁华、张伯伟，2017；李善同等，2004）。

（3）市场分割的趋势判断。由于学者们测算市场分割程度的方法、所采用的数据和样本时间等问题，目前已有的研究中对于我国市场分割变化趋势还未有统一的答案，甚至研究结论还存在完全相反的情况。尽管经济学家对于中国地方市场分割的演变趋势存在着争论，但无论是认为中国市场在趋于整合的文献，还是认为分割程度在加剧的文献，都不否认中国地区之间零碎分割的市场是个严重的问题（张建、王博，2022；于斌斌，2022；冯笑、王永进，2022；卿陶、黄先海，2021；马草原等，2021；马述忠、房超，2020；李嘉楠等，2019；吕越等，2018；张宇，2018；黄新飞等，2014；陈钊，2009）。

第一，认为我国国内市场分割程度呈现下降趋势的研究。大部分学者认为我国国内地方市场分割呈现收敛趋势，我国市场一体化水平在近年得到了明显提升（俞立平等，2022；范欣等，2017；曹春方等，2018；陆铭、陈钊，2009；Xu，2002）。吕冰洋、贺颖（2020）通过对城市间的商品市场分割程度进行测算，发现了 2001—2015 年市场分割程度整体上呈现下降趋势。尤其是在城市群内部的城市之间市场分割程度下降明显，但城市群之间依然有较严重的市场分割（刘昊、祝志勇，2021）。类似于城市群内的城市市场分割程度降低的结论，李雪松、孙博文（2015）测算了长江经济带市场一体化程度，结果一致。这类研究主要是采用相对价格法进行测算，选择的行业、商品类型、区域等存在一定差异，结果不完全一致，但基本上均认为市场分割程度正在逐步降低。

第二，认为我国国内市场分割程度严重的研究。从时间上看，这类成果更多是早期分析和测算中国国内市场分割的研究，抑或是采用的数据年份较为靠前的研究。例如，Kumar（1994）通过测算我国省域之间零售商品的贸易量变动情况，发现省域之间贸易量下降，由此可见我国市场分割程度具有提高趋势。同样的结论来自 Young（2000）的研究，Young 分别从产业结构、消费品零售价格两个方面分析了我国国内市场分割程度。其研究结论表明：改革开放后，我国地区间产业结构同构显著，地区间的市场分割程度较为严重；商品的零售价格、农产品价格在地区间的分散程度也比较高，地方市场分割程度严重。如果将中国省域比作欧盟各国，Poncet（2003、2005）以及黄赜琳、王敬云（2006）的研究均表明了我国省域间的市场分割水平较高，折换成关税几乎等同于欧盟各国的关税水平。然而，值得注意和警惕的是近年来的一些研究也表明我国地方市场分割程度并未改善。例如，吴意云、朱希伟（2015）测算了我国工业行业的专业化程度和产业集聚水平，发现 2005 年以来国内地区间市场一体化程度在下降，市场分割程度在逐步提升。Li 和 Sun（2017）的研究表明自 2006 年以来市场分割程度也呈现上升趋势。由于运输技术和基础设施会有效改善地区间的市场分割现状（范欣等，2017），因此张宇（2018）在测度市场分割水平后将该因素进行控制，进而获得更为纯粹的地方保护水平，结果表明我国地方保护主义趋势不仅没有下降，反而在 2008 年之后出现了显著上升趋势。这一研究结论说明，我国区域之间的市场分割问题仍然是较为严重的。本文中对农产品的研究同样也发现，中国的三次产业中农业部门的地方保护程度最高，农业部门的国内地方市场分割严重（黄赜琳、王敬云，2006）；农产品市场分割也未出现明显的收敛趋势（张昊，2020；刘刚、谢贵勇，2019）。

2.3.2.2 市场分割的成因

市场分割的形成原因具有诸多因素，各地区的自然因素、经济水平、政治制度、文化风俗等均是产生市场分割的基础与前提。根据市场分割的形成原因，包含"自然状态下的市场分割"和"非自然状态下的市场分割"两类，又称自然性的市场分割和人为性的市场分割，其中，人为性的市场分割又分为制度性市场分割和技术性市场分割。需要特别指出的是，本研究不考察技术性市场分割，原因在于：技术性市场分割是由于技术水平的成熟度等不同进而形成以技术水平差异为特征的分割市场，一般是企业家通过发现、研发（或创新）等途径使得其在市场上占据优势地位，形成分割市场。但是这样的优势是临时性的，由于其所在市场（行业）是准入自由的，竞争是长期存在的，这种临时性的优势所产生的收益是对企业家发现、研发（或创新）的回报。因此，一般情况下的技术性市场分割是有利于社会福利增加和行业进步的，当然，需要排除由此产生垄断并侵害其他主体权益的情况。接下来，对自然性市场分割和制度性市场分割成因进行说明。

（1）自然性市场分割。自然性市场分割是指受空间距离、产品属性特征等物理因素影响，自然形成的分隔市场；即商品和生产要素在流动的过程中，会受到空间距离这一"天然"屏障的限制。"要想富，先修路""农村没有路，致富有难度"，自然因素尤其是交通条件对经济和政府决策有着重要的影响。自然性市场分割形成的机制在于：阻碍了商品、要素在地区间的流动，提高了交通运输的成本，阻碍了对外经济文化的交流，从而引发和加剧了市场分割。从历史视野看，戴亦一等（2016）研究表明地形越复杂、山川河流越多的地区，历史上处于相对封闭的可能性越大、时间越长。吕越等（2018）也认为地形等自然因素提高了商品和要素流动的成本，是导致市场分割的重要原因之一。具体看，交通运输是不同区域间商品和要素流动的关键（基础），区域间距离越长，运输成本越高（Hummels，2007），流通基础设施越完善，运输成本越低，进而会降低市场分割程度（李雪松、孙博文，2015；刘建等，2013）。当前，国民经济循环的堵点在于流通环节（刘瑞等，2021），而交通运输则是重要的因素；区域间的资源错配很重要的一个原因就是交通基础设施建设的区域失衡（周海波等，2017）。放眼国际，在工业革命之前，印度粮食市场的一体化程度远低于西欧（Studer，2008）；贸易成本也影响了津巴布韦番茄市场的整合（Stephens和Mabaya，2008）；而美国破除市场分割，建设全国统一市场的重要措施之一就是建设全美铁路网（徐孝新，2016）。不仅如此，Daumal和Zignago（2010）研究认为，地理距离还会带来行政、法律、财政等方面的差异，而这些均有可能造成贸易壁垒。地理距离还会造成信息壁垒，提高信息不对称程度（赵永亮，2012）。此外，作为自然性市场分割中的重要因素，产品特性对市场分割具有重要影响。由于商品难以保存、运输损耗率高等一些特定的属性条件，使得商品不适合跨区销售或者远距离销售，进而形成了特有的市场分割（万周燕、肖艳，2021；赵永亮，2012）。

（2）人为性市场分割。人为性市场分割是指受到经济、政治等人为因素影响，形成以地方保护为特征的分割市场。相比于自然性市场分割，学者们更加关注人为性市场分割。中国地方政府在区域经济发展中具有重要的作用，而市场分割的背后往往存在政府行为，尤其是在财政分权和行政集权的背景下，政府行为对市场分割的形成产生了重要影响（席鹏辉，2018；刘小勇、李真，2008）。众多学者从改革开放以来的行政性分权（邓明，2014；陈刚、李树，2013；Susan，2006；Qian 和 Weingast，1997）、地方政府实施的赶超战略（洪正、谢漾，2021；于良春、付强，2008；林毅夫、刘明兴，2003；林毅夫等，1999）、政企职责不分、政府市场管理不善、地方官员的政治利益、区域利益驱动等角度剖析了国内市场分割形成的深层次原因（曹春方等，2017；宋书杰，2016；宋冬林等，2014；赵奇伟、鄂丽丽，2009；周黎安，2004）。但是，范子英、张军（2010）的研究证明，政府对落后地区的转移支付会促使落后地区放弃市场分割，积极参与市场分工，实现规模经济效应；财政分权能够有效促进市场整合，降低市场分割程度（邓明，2014；林文，2011）。除政府因素外，作为非政府因素的流通渠道及流通组织会对统一市场构建带来影响。流通型企业扩大可能带来市场分割程度的增加，流通改革形成了"分枝状"的渠道结构，这种渠道结构能够促使渠道商、制造商实行区域价格歧视，因此渠道商会强化这种渠道结构，使得市场分割程度提高（屈小静、何辉，2016；王晓东、张昊，2012）。事实上，这属于"马歇尔冲突"范畴，即规模经济与垄断的矛盾问题。地方势力也会在一定程度上阻碍外地产品流入本地市场，而这样的市场违规行为往往在政府监管不力的情况下疯狂发展。以桃市场为例，存在地方势力（批发商、渠道商、农户等）恶意扰乱市场秩序，使得外地桃产品无法在最佳时间销售或是以低价方式销售。由于桃具有易腐性，如错过当天最佳销售时间，鲜桃的价格和质量就会发生断崖式下滑。因此，这种不正当的市场经营行为往往十分隐蔽，能够绕开市场执法，阻碍了市场整合。

从《中共中央　国务院关于加快建设全国统一大市场的意见》文件中的统一大市场建设方案中，我们也能够反向得到当前造成地方市场分割的主要原因。主要有：不完善的产权保护制度、不统一的市场准入制度、不合理的竞争制度和产业政策、流通基础设施条件、信息交互条件、不健全的交易市场、不健全的商品质量体系、不健全的市场监管规则和市场执法、垄断、不正当竞争行为、产业政策脱离当地产业竞争优势等诸多因素。由于各个地方的条件等存在差异，地方市场分割同样也存在差异。

2.3.2.3 市场分割的影响

市场分割已成为影响我国经济实现高质量增长的重要因素（张跃等，2021；付强等，2017）。根据已有的研究成果及结构，本文从市场分割与经济发展、市场分割与资源配置、市场分割与贸易、市场分割与微观主体行为绩效等方面进行梳理。

（1）市场分割对经济增长的影响。地方政府采取市场分割（或地方保护）决策的出发点就是为了促进本地方的经济增长。目前，对于市场分割与地方经济增长的关系主要有两个观点。第一，市场分割抑制了地方经济增长。Poncet（2003）的研究表明，市场分割会抑制地方经济增长，两者之间为负向关系。通过研究证明区域一体化（区域开放政策）会促进地区经济增长，由此反向证明市场分割会抑制地区经济增长（张治栋等，2018；柯善咨、郭素梅，2010）。如果市场分割不利于地方经济增长，为何地方政府会采用该决策？因此，更多的学者认为市场分割在一定条件下会促使地方经济增长。第二，在一定条件下市场分割会促进地方经济增长。诸多学者认为较低程度的市场分割能够促进本地经济增长，当市场分割超过一定程度时，市场分割将抑制经济增长（黄赜琳、姚婷婷，2020；宋冬林、范欣，2015；于林、于良春，2010；陆铭、陈钊，2009）。市场分割在不同区域的影响作用存在差异，Ke（2015）的研究表明，区域一体化的积极作用主要体现在促进中心区域的经济增长，意味着市场分割的抑制作用主要表现在抑制中心区域经济增长。我国四大区域的市场分割程度存在差异，东部地区市场分割程度要高于东北地区、中部和西部地区，并且市场分割对经济发达地区的负向影响会因其与其他地区经济发展水平差距扩大而增加（景维民、张景娜，2019）。还有部分学者考察市场分割对经济增长质量的影响，通过对不同类型市场分割的分析发现，东部地区的经济增长质量受商品市场分割的影响更大，中部地区经济增长质量受资本市场分割的影响更大，而西部地区经济增长质量受各类型市场分割影响均显著（祝志勇、刘昊，2020）。此外，张建、王博（2022）的研究表明市场分割会抑制OFDI推动经济增长质量提升的效果。但是，从国家整体经济增长的角度审视市场分割的影响，学者们较为一致地认为，市场分割不利于整体经济发展，既包括发展速度，也包括发展质量（谢家智、何雯妤，2021；祝志勇、刘昊，2020；张宇，2018；陆铭、陈钊，2019）。

（2）市场分割对资源配置的影响。在其他条件不变的情况下，市场经济可以实现资源的有效配置。而统一、竞争有序的市场体系是使得市场在资源配置中起决定作用的基础。关于市场分割与资源配置的关系，学者们基本达成共识。即市场分割恶化了资源配置效率，尽管在一个短期的局部空间会促进资源配置效率提高（李斯嘉、吴利华，2021；邓芳芳等，2017；王磊、邓芳芳，2016；宋马林、金培振，2016；王磊、汪恒，2015；刘瑞明，2012；方军雄，2009）。

（3）市场分割对出口贸易的影响。关于市场分割对国际贸易的影响研究，Poncet（2003）指出中国国内的地方市场分割使得国内企业的省际贸易成本提升，由此企业选择出口策略，利用国际市场规模效应弥补国内市场规模效应的损失，使得对外贸易增长迅速。因此，通过市场分割实施对外开放或是对内开放是地方政府的重要决策之一（卞元超，2019）。赵玉奇、柯善咨（2016）的研究表明，市场分割对企业出口造成了扭曲的促进作用，是企业被迫的决策行为。吕越等（2018）的研究同样表明，市场分割损害了企业创造贸易附加值的能力，而对于地方政府来说却是"有益"的。此外，市场分割的影响主要体现在本土企业上，即市场分割促使了本土企业采取出口策略，对外企的影响并不显著（张杰等，2010；宋渊洋、单蒙蒙，2013）。尽管市场分割促进了对外出口，但是却对出口产品质量升级具有显著的抑制作用（刘信恒，2020）。在农业企业方面，贾伟等（2018）的研究表明，国内市场分割使得本土农业企业中低效率的企业更多地参与出口贸易。

（4）市场分割对微观主体的影响。近年来，学者们逐步开始关注市场分割对微观主体行为及其绩效的影响。首先是市场分割与企业生产率之间的关系，学者们对此意见不完全一致，徐保昌、谢建国（2016）认为，市场分割与企业生产率之间存在倒 U 形关系，市场分割程度较低时能够促进企业生产率提高，当市场分割程度超过临界点时，市场分割的提高则会抑制企业生产率提升；黄赜琳、姚婷婷（2020）的研究同样也表明市场分割对企业生产率具有倒 U 形影响。而王磊、张肇中（2019）以及申广军、王雅琦（2015）的研究则表明，市场分割降低了企业生产效率。另外，市场分割对企业生存风险的影响存在"囚徒困境"，周边地区的市场分割会提升本地区企业的生存风险（卞元超等，2021）。再者是市场分割与企业创新行为的关系，宋灿等（2022）研究认为地方政府的产业保护会促进企业创新，但市场壁垒则会降低产业保护的边际作用，对企业创新具有抑制作用。对于上市企业而言，市场分割对企业创新具有倒 U 形影响（李增幅等，2020）。市场分割不利于企业高质量创新（吕越等，2021），表现为市场分割增加了企业的创新数量但是却抑制了企业的创新质量（俞立平等，2022）。同时，市场分割对企业创新的影响还存在区域异质性，市场分割对东部企业的负向影响更大，但在一定程度上会提高低创新水平地区企业的创新数量和质量（俞立平等，2022；吕越等，2021）。

2.3.2.4　市场分割的干预与治理

市场分割的干预与治理一般来源于两个方面，一是政府层面的治理措施，二是企业层面的应对措施。在政府层面，消除市场分割就是要推动统一市场的建立，在具体措施上，加强基础设施的投入力度（郭鹏飞、胡歆韵，2021），如交通基础设施建设能够有效打破国内地方市场分割，促进资源要素的跨区流动（潘爽、叶德珠，2021；范欣等，2017；陈宇峰、叶志鹏，2014）；信息技术能够有效整合市场，稳定商品价格（张昊等，2022；张昊，2022）。同时，可以加强市场监管与执法力度（王磊，2022；刘志彪、孔令池，2021）。此外，地方政府应逐步减少对经济的直接干预，专注于公共管理的职能（张磊、黄世玉，2022；刘志彪，2021；张卫国等，2010）。为破除市场分割，推动统一大市场建设，国家还出台了《中共中央　国务院关于加快建设全国统一大市场的意见》，坚持市场化、法治化原则，充分发挥市场在资源配置中的决定性作用。在企业层面，当面临市场分割时，企业会根据自身优势选择不同的策略，对于具有技术型优势的企业，其倾向于选择区域多元化；而具有关系型优势的企业，则更加倾向于选择业务多元化（宋铁波等，2013）。蓝海林、皮圣雷（2011）基于经济全球化和市场分割的背景，提出了企业为应对市场分割、经济全球化可供选择的 4 种方案。

2.3.3　农户技术采纳行为

农户农业生产技术采纳问题始终是中国农业现代化发展历程中的研究

热点与难点。研究的重点为采纳意愿、采纳行为及影响采纳的关键因素。技术的采纳决策包括两阶段，首先确定选择新技术时的最优要素投入量；其次确定选择新技术时的最大利润（Byram 等，2013；Sheikh，2003）。农业新技术的采纳决策取决于 4 个方面：产出增加、投入减少、新技术使用风险、使用新技术增加的成本。采纳新技术增加的成本主要来自：学习新技术投入的时间、精力及资金等学习成本；采用新技术需要增加的劳动力投入成本；获取新技术信息付出的交易成本（陈超等，2007）。本文主要关注农户技术采纳行为的影响因素、绩效。

2.3.3.1 农户农业技术采纳的影响因素

对于农业技术采纳行为的研究，学者们主要关注采纳行为的影响因素。主要从以下五个方面进行了探索。一是农户年龄、教育水平、认知程度、风险偏好等个体特征影响农业技术及装备采纳（仇焕广等，2020；高杨、牛子恒，2019；毛慧等，2018；张复宏等，2017；王志刚等，2010）；二是农户要素禀赋对技术采纳的影响（董莹、穆月英，2019；杨志海，2018；孔祥智等，2004）；三是经营规模、组织模式、契约关系、销售渠道等农户经营特征影响农业技术及装备采纳（王振华等，2020；郑适等，2018；李晓静等，2018）；四是土地、经营等政策与农业技术推广起到了重要作用（孙小燕、刘雍，2019；佟大建等，2018；姚科艳等，2018；Chatzimichasel 等，2014；周建华等，2012）；五是生产技术服务于商品市场需求诱导农户采纳技术及进行装备投入（李博伟、徐翔，2018；黄季焜、Scott，1993）。由于学者们在一定程度上假设或暗含了要素和商品市场为国内统一市场，但现实研究无法完全剔除外部因素影响，因此，得到的结论不尽相同，甚至有些结论截然相反，简单举例：在环境友好型技术采纳上，杨兴杰等（2020）、毕茜等（2014）的研究分别表明，经营规模对环境友好型技术采纳具有正向影响、负向影响，黄炎忠等（2020）的研究则表明二者具有倒 U 形关系；在社会网络对农业技术采纳影响的研究中，汪建、庄天慧（2015）与陶群山、胡浩（2013）的研究结论相反。此外，研究结论与现实状况在区域之间也存在差异。

尽管农业技术的采纳是意愿—行为的过程，但学者们对于农业技术采纳意愿的研究开始时间却晚于采纳行为的研究。农户对于农业技术的认知程度是影响农户农业技术采纳意愿的关键，该观点得到了学界的广泛共识

（罗岚等，2021；杨兴杰等，2020；王晓敏、颜廷武，2019；陈柱康等，2018；杨露，2015；李后建，2012）；因此，需要加强对农户的培训，提高农户对于新农业技术的认知程度（陈柱康等，2018；储成兵、李平，2014）。此外，学者们还分别探讨了不同类型经营主体、不同约束条件下的农业技术采纳意愿（张海霞等，2020；陶群山等，2013）。

2.3.3.2 农户环境友好型农业技术采纳行为的影响因素

首先，环境友好型农业技术在改善生态环境、提高资源利用效率、促进农业可持续发展、保障食品安全等方面具有重要的积极作用（蔡丽茹等，2022；董莹、穆月英，2019；姚延婷等，2014；Sharon 等，2013）。影响农户环境友好型农业技术采纳的因素主要有以下几个方面。第一，风险偏好（风险认知）。环境友好型农业技术具有高成本与高风险、作用周期长与见效慢等特点（徐志刚等，2018）。因此，风险偏好的农户采纳环境友好型农业技术的可能性更大，程度更高（郅建功、颜廷武，2021；仇焕广等，2020；刘丽等，2020；潘丹、孔凡斌，2015）。而对于传统的农业技术，农户风险规避会使其化肥、农药施用过量（吕杰等，2021；陈超等，2019）。第二，社会网络和示范作用。农户的社会网络是促使其采纳环境友好型农业技术的重要因素（蔡丽茹等，2022；吕杰等，2021；颜玉琦等，2021；朱月季等，2021；王世尧等，2017；冯晓龙、霍学喜，2016）。第三，技术认知。农户对技术认知程度越高采纳环境友好型农业技术的可能性就会越大（王晓敏、颜廷武，2022；孙彬涵等，2021；杨兴杰等，2021；张红丽等，2020；褚彩虹等，2012）。第四，经营规模与组织化。经营规模的扩大、组织化程度提高有助于农户采纳环境友好型农业技术（岳梦等，2021；孔凡斌等，2019；刘乐等，2017；Williams，1999）。因此，通过土地确权能够促进农地流转，进而通过扩大规模提高农户环境友好型农业技术的采纳（吴大磊等，2021；文龙娇、顾天竹，2019）。第五，环境规制。环境规制对于农户采用环境友好型农业技术具有较强的外部推动力（王晓敏、颜廷武，2022；罗岚等，2021；Bollinger，2015）。

2.3.3.3 农业技术采纳对农户收入的影响

农业技术的使用是为了提高农业经营绩效、提升农业现代化水平或是推动农业发展绿色化、生态化等。农业技术的使用增加农业经营绩效的作用机制为通过提高土地生产率、劳均产值、实现规模经济以及改善产品质量获得溢价的形式来提高农业经营绩效。从整体情况来看，测土配方施肥技术、电子商务技术、稻虾共作模式、绿色治理技术、机械采收、环节机械化等对生产率均有不同程度的提升作用（熊鹰、何鹏，2020；吕丹、张俊飚，2020；陈雪婷等，2020）。从农业技术、生产装备本身对生产效率、环境效益的提升来看，均是促进的。但当考虑农业技术、生产装备的使用成本、使用者能力以及市场环境之后，再考察效应则会有不同程度的差异。

2.3.4　农户品种采纳行为

作为农业生产的第一要素，新品种的使用不仅能够提高产量，还能够促使其他生产要素替代劳动，如适应机械化生产的新品种能够通过机械的使用降低劳动力投入。周曙东等（2017）的实证研究表明，花生新品种的使用使得机械替代劳动，并在产量的增加上也有所贡献。而转基因抗虫棉既能显著降低农药的使用量，又能替代劳动力（李昭琰等，2015；黄季焜等，2010）。此外，新品种技术的使用还能够有效提高农产品品质，满足消费者需求（国家桃产业技术体系，2016）。因此，新品种技术对于提升劳动生产率、增加农户收入和实现农业现代化具有重要作用。

围绕着农户新品种采纳行为，学者们充分讨论了影响农户是否采纳的因素，归纳起来有以下六个方面。第一，个体特征因素。包括年龄、性别、受教育程度、社会身份、风险偏好、个体认知等。其中年龄的影响作用在不同研究中结果存在差异，李谷成等（2018）通过对油菜种植户的调查研究得到年龄对油菜新品种的采纳具有正向推动作用；王秀东、王永春（2008）对小麦新品种采纳因素的研究则表明，年龄对小麦种植户采纳新品种具有抑制作用；而黄武等（2012）考察年龄对花生种植户新品种采纳的影响情况，得到年龄对花生新品种采纳具有非线性的影响。农户的风险偏好和认知程度则一度成为研究热点，研究表明风险厌恶型农户更不愿意采纳新品种（徐圣翔、贺娟，2022；Brick 和 Visser，2015；Liu，2013）；农户对新品种的认知程度越高则越可能采纳新品种（王媛媛、张冬平，2020；韩丽敏等，2018）。第二，家庭特征因素。包括家庭劳动力数量、家庭收入情况等，研究认为家庭劳动力充足的农户、家庭收入高的农户新品种采纳率更高（邓正华等，2012；蒙秀锋等，2005）。第三，经营特征因素。如经营规模、组织模式等，相对于小规模农户，大规模农户采纳新品种的可能性更高（Milkias，2020；Msuya 等，2014；朱丽娟，2013）；而组织化程度的提高也有助于新品种采纳（徐翔等，2013）。第四，信息渠道及传递因素。由于农户在产品市场和要素市场均存在严重的信息不对称，一方面难以掌握灵活的消费市场变化信息；另一方面也难以获得充分的品种特征信息（曾晶等，2021）。并且获取信息更多是通过农村的社会网络渠道，信息传递过程中容易发生偏差（Liao 和 Chen，2017）。因此，农户面临的信息不对称以及信息传递渠道有限性抑制了其新品种采纳（Schipmann 和 Qaim，2010）。而通过培训、农技推广以及技术服务等则能够缓解信息不对称问题，提高农户新品种采纳率（Milkias，2020；黄欣乐等，2020）。第五，新品种特征。农户对于新品种的特征主要关注其价格、产品质量和预期价格，品种的自身价格在一定程度上会抑制农户采纳新品种，新品种产出的产品质量和市场预期价格则和农户采纳间存在正向关系（朱丽娟，2013；Horna 等，2007）。第六，政策因素。如良种补贴和农业信贷等政策为农户采纳新品种减轻了资金压力，在一定程度上提高了采纳率（徐翔等，2013；陈超等，2012）。

随着农业技术进步、生产资料供应能力提升以及种业的发展等因素变化，农户的新品种选择行为也会发生改变。张森等（2012）对玉米种植户的调研中发现，农户通过种植多个玉米品种来规避由市场信息不对称带来的风险，实证表明玉米种植户面临的市场信息不对称程度越高，种植的品种数量就会越多。徐志刚等（2013）对玉米种植户品种组合行为的观察还表明：农户种植品种的多元化和新品种采纳速度均在提升。这样的现象在桃产业中也能够被观察到，国家桃产业技术体系（2016）在桃主产区的调查表明：市场上常见的主栽品种就能够达到 200 余个，并且桃的品类也逐步呈现多元化发展。

相对于农户新品种采纳行为及其影响因素的已有研究，学者们对采纳新品种后的增收效果等考察得较少。首先是直接研究新品种采纳对农户经济效益影响的研究，总体看采纳新品种有助于农户增加收入。其中袁惊柱、姜太碧（2012）的实证表明小麦新品种的采用能够增加农户的收入；在气候变化的背景下稻农使用水稻新品种也会对经济带来正向促进作用（陈欢等，2014）。通过对茶农新品种采纳的效应研究，发现经营茶叶生产的收入逐步向采纳了新品种的茶农集中，茶叶新品种促进了采纳户的增收，同时也抑制了非采纳户收益增加（钱鼎炜，2012）。其次是间接地研究表明了新品种采纳对农户经营收入的影响，如新品种提高了产量以及机械对劳动的替代率（周曙东等，2017），降低了农药的使用量以及打药环节的人工投入（李昭琰等，2015；黄季焜等，2010）。

已有对于农户品种采纳行为的研究主要集中在是否采纳的影响因素，缺乏对农户种植多个品种的行为的考察。从研究的新品种作物来看，包括水稻、小麦、玉米、花生、棉花、油菜、菇等。桃作为我国四大果品之一（苹果、柑橘、梨、桃），相较于一年生的粮食作物，其从种苗栽种到挂果需要2~3年，农户品种更新换代的成本高；并且产品价格波动大、标准化难度高、易腐难储等，桃农的生产经营行为与粮农存在较大差异。此外，现有研究仅考察了有无采纳新品种对农户收益的影响，缺乏对栽种多个品种农户的收益讨论。实际生产中同时种植多个品种虽能在一定程度上规避风险，但同样也面临着品种间种植技术差异导致的成本上升等问题。由于桃具有货架期短、易腐性强的特点，桃农品种选择行为在一定程度上会有别于种植其他作物的农户。

2.3.5 农户生产经营绩效的影响因素

影响农户经营绩效的因素众多，本文主要归纳农户农业生产经营收入的影响因素。一是，提高农业生产经营收入需要采纳新技术。农业技术进步会提高劳动生产率、土地生产率，提高农民经营收入（赵德起、谭越璇，2018；张志军、鲁黛迪，2013）。二是通过适度规模经营提高农民收入。通过土地流转，扩大农业经营规模，从而实现规模效应，获得经营收入提高（陈斌开等，2020；许彩华、余劲，2020；赵德起、谭越璇，2018；黄善林等，2016；陈昭玖等，2016）。三是充分发挥其分散风险和损失补偿功能，提高农户经营收入（刘玮等，2021；马彪等，2020；刘亚洲、钟甫宁，2019；何小伟、吴学明，2018；庹国柱，2013）。四是解决农业生产的金融约束（温涛、王佐滕，2021；陈思等，2021；李绍平等，2021；李志阳、刘振中，2019）。五是推动农业生产组织化程度提升（邹洋等，2021；来晓东等，2021）。此外，产业融合、渠道模式与选择、市场环境、财政补贴、人力资本积累等因素均会对农户的经营收入产生影响

（芦千文等，2020；李姣媛等，2020；朱青、卢成，2020；李颖慧、李敬，2019；程名望等，2016；宋金田、祁春节，2013）。

2.3.6　市场分割对农户生产经营行为和绩效的影响

目前，直接研究市场分割与农户生产经营行为和绩效的成果相对较少。在农业生产上，生产资料的市场分割使得农业生产要素的配置效率下降，生产成本提高，并且抑制了农业生产效率的提高（蒙大斌、王昕，2016）。在农民收入上，城乡二元的劳动力市场分割扩大了城乡居民收入差距（苏永照，2014；陈萍、李平，2012）；随着互联网的普及运用，市场分割程度也伴随互联网普及而下降，从而显著提高了农户的生产经营性收入（李丽莉等，2022）。此外，展进涛等（2017）还从市场分割的视角探讨了农民工技能培训与非农工资差异；而造成农民工劳动力市场分割差异的重要原因之一是农地产权管制（张锦华、胡雯，2021）。

农户作为微观经营决策主体，市场分割对微观经营主体行为和绩效的影响在前文已经进行了较为详细的归纳总结。如果把农户的技术投入行为和品种选择行为看作是农户生产经营的技术创新，那么则存在两个结论，一是市场分割抑制了技术采纳，二是市场分割和技术采纳呈倒U形关系。也有学者从市场环境的角度考察农户行为和收益，这些研究也能够为本文讨论与其他市场相分割对当地桃农生产经营行为与绩效的影响提供启示。

关于市场环境与农户技术采纳的关系。曾晗等（2021）的研究表明稻、虾的市场价格熟悉程度影响了农户技术采纳，农户对市场价格了解程度越高、市场价格透明度越高，其采纳该技术的可能性越大。一个价格信息准确有效和及时的市场会对农户生产行为产生影响，何悦、漆雁斌（2021）对川渝地区柑橘种植户的研究表明，市场上绿色农产品的价格会影响农户绿色生产行为，包括其行为态度、主观规范和知觉行为控制等，而市场信息的准确有效则是决定农户决策行为是否正确的重要因素。农户对于市场预期越好、绿色农产品销售越容易、市场溢价越高、议价能力越强，农户采纳绿色生产行为的可能性越高（黄炎忠等，2020）。因此，良好的市场环境能够促使农户增加投入、提高新技术采纳率，进而提高其经营收入（余威震等，2019；杨扬等，2018）。

关于市场环境与农户收入的关系。姜长云等（2021）认为农产品市场价格行为机制的完善将有助于农户优化决策，提高收入。通过发展互联网从而提高信息交流有效性，降低交易成本和市场分割程度可以有效增加农民收入（李丽莉等，2022）。不同区域的经济发展水平不同，会导致工资与非农就业机会存在差异，受户籍制度等因素影响形成的分割市场抑制了农户收入，而全国统一劳动力市场则打破了这一局限，因此农户能够借此摆脱贫困（贺雪峰，2020）。李博伟等（2019）的研究表明农业生产集聚对农户收入具有一定的促进作用，但这种促进提升存在门槛值。而市场之间流通不畅通，市场之间存在分割则可能通过抑制产业集聚对农户经营收入带来负面影响。因此，应推动乡村产业振兴、完善市场机制，推动统一市场构建（卢现祥、孙梦泽，2021；于晓华，2018）。

2.3.7 农业产业组织模式对农户收入的影响

学者们对农业产业组织模式对农户收入的影响展开了丰富的研究，如江光辉、胡浩（2019）研究了产业组织模式对生猪养殖户收入的影响；李霖、郭红东（2017）分析了产业组织模式对蔬菜种植户收入的影响；丁存振、肖海峰（2019）研究了肉羊养殖户产业组织模式选择对其收入的影响等。但是，学者们对农户参与产业组织模式的增收效应结果存在不同意见。Bellemare（2010）、江光辉和胡浩（2019）等学者的研究表明产业组织模式能够提高农户的经营收入；而 Wang 等（2011）、Minot（1986）的研究则表明农户参与产业组织并不一定能够获得收入增加。也有学者指出，产业组织模式不同其增收效应也存在差异，李霖、郭红东（2017）的研究表明蔬菜种植户采用横向协作模式能够有效提高其种植净收入，但对于选择纵向协作模式的蔬菜种植户其增收效应不显著。丁存振、肖海峰（2019）的研究则表明，纵向协作模式对农户收入提升的促进作用高于横向协作模式，而且横向协作模式更有助于小农户增收，纵向协作模式则更有利于大规模农户增收。

关于产业组织模式影响农户收入的作用机制研究。学者们指出横向协作模式主要是帮助农户形成规模经济优势（丁存振、肖海峰，2019；郭锦墉、徐磊，2016；Fischer 和 Qaim，2012）；横向协作的产业组织模式能够通过集体销售，提高农户市场议价能力，降低市场进入成本与市场风险，从而提高农户的经营收入，促进农户增收（李庆海、徐闻怡，2021；李霖、郭红东，2017；陈富桥等，2013）。此外，农户参与横向协作模式能够获得技术培训、生产指导等服务，能够有效提高农户生产效率，促进农户增收（陆泉志、张益丰，2022；刘浩等，2021；刘景政等，2021；丁存振、肖海峰，2019）。对于纵向协作模式，学者们指出农户与企业签订契约，能够获得稳定的销售渠道和价格，而企业则为农户提供技术服务、农资等生产资料，指导农户生产优质农产品，农户一方面能够通过提高产品质量获得溢价，另一方面则能够降低生产成本和经营风险，由此提高其收入（董翀等，2015；Escobal 和 Cavero，2012；孙芳、陈建新，2011；徐健、汪旭晖，2009）。

2.4　文献述评

现有研究，如桃产业发展现状，市场分割概念与内涵，市场分割的测算方法，市场分割对经济、组织行为与绩效的影响，市场分割的治理，农户品种、生产技术采纳行为等研究，为本研究提供了非常重要且充实的理论指导和借鉴作用。本文在前人研究的基础上争取在以下方面进行补充与突破。

首先，学者们在推动统一市场建设的研究上形成了诸多的研究成果。认为非统一市场会导致要素资源配置效率下降，经济效率降低等诸多问题。得到的共识是：统一大市场建设能够提高居民福利水平，推动产业高质量发展。但是，尽管统一市场具有诸多好处，可地区间仍然存在分割，而从该角度考察当地农户行为绩效的研究尚不多见。此外在测算上，本研究将采用基于"一价定律"的"冰山"成本模型测算桃农所在市场与其他市场相分割的程度；同时采用问卷调查方法，从造成与其他市场相分割的原因上，测算自然因素导致的地方市场分割、人为因素导致的地方市场分割对当地桃农生产经营行为与绩效的影响。两种测算方法存在测度边界的差异，同时两种方法测算的指标可以使用稳健性检验的方法进行比较，这也为研究结果的可靠性奠定了一定基础。

其次，农户品种采纳行为、生产技术采纳（投入）行为以及农户行为与生产绩效关系的研究成果浩如烟海，研究结论也具有借鉴意义。但是，这类研究主要的研究假设是统一市场（完全竞争市场），价格形成机制是完善的，由此得到的一些研究结论与我们在实践中观察到的现象是不一致的。由于地方市场分割的存在，统一市场假设被打破，意味着现有对于农业经营主体生产经营行为及其绩效的研究结论可能存在一定偏差，研究成果的适用范围受到了一定程度的限制。因此，有必要对农业经营主体生产技术投入行为提出新的解释，揭示地方市场分割对当地农业经营主体生产技术投入行为的作用机制。

再者，现有研究主要集中在粮食等大田作物，需要加强对水果等经济作物的研究。相比于粮食等大田作物，水果等鲜活农产品研究复杂性更高。一是，消费市场更为复杂，果农收入不仅受到产量的影响，更依赖于市场价格；二是，生产更为复杂，水果生产劳动密集程度高，"两板挤压"问题更为突出；三是，水果尤其是桃这类易腐性强、货架期短的水果，受自然因素影响其地方市场分割程度较大，而已有文献研究主要聚焦于工业企业与人为因素，在一定程度上忽视了自然因素对于农业产业的重大影响。此外，本研究将视角聚焦于桃产业上，而针对具体产业分析地方市场分割对当地桃农行为、绩效的研究还需要进一步加强。

本研究着重探讨地方市场分割对当地桃农的生产经营行为及绩效的影响这一问题。首先，分别分析地方市场分割对当地桃农技术投入行为、品种选择行为的影响；再分析地方市场分割对当地桃农种植净收入的影响，并在此基础上，进一步分析桃农生产经营行为的中介效应；接着测算桃农生产技术效率，分析地方市场分割对当地桃农生产技术效率的影响；最后，从应对行为角度思考，测算桃农参与产业组织模式对其桃种植净收入的影响效应。通过对这些问题的系统回答，揭示现代桃产业转型的微观机制，以期为推动桃产业的高质量发展、现代农业政策的科学完善和加快建设全国统一大市场提供决策依据；也为其他发展中国家的农业现代化和农业市场化改革提供借鉴参考。

第3章

中国桃产业现状与地方市场分割特征

桃乃五果之首。几千年以来，桃一直是中华民族向往美好生活的象征，桃树遍布中华山川大地。2021年我国桃产业总产值近千亿元，生产、流通和零售从业人员超千万人，是助推乡村产业兴旺、农民生活富裕的主要经济支柱。不仅如此，桃还具有独特的景观价值和文化内涵，是建设美丽乡村、推进产业融合、弘扬农耕文化的重要产业支撑。因此，推动桃产业高质量发展对于提高农民收入，推动乡村振兴，优化居民消费具有重大的意义。基于经济高质量发展和乡村振兴战略背景，为促进中国桃产业经济健康持续发展，本章从中观产业层面，分国际国内两个视角，贸易、生产和消费3个方面剖析中国桃产业整体的发展现状；再定性分析造成市场之间相分割的成因与影响，为下文的分析提供必要产业现实基础。

3.1 中国桃产业现状分析

3.1.1 桃生产情况

3.1.1.1 桃种植面积和产量逐年上升

截至2020年，全球共有80余个国家和地区生产桃，总栽培面积达到150万公顷，年产量超过2 450万吨。2000—2015年，全球桃栽培面积逐年上升，2015年达到最高值163万公顷，之后逐年下降并基本稳定在150万公顷。中国是世界上最大的桃生产国，其栽培面积占全球栽培面积比重由2000年的37%增加至2020年的52%；2000—2020年，世界其他桃主产国栽培面积基本呈现稳定态势（图3-1）。

2000—2020年，全球桃产量呈现持续上升趋势，总产量由2000年

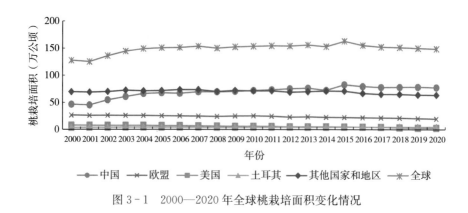

图 3-1 2000—2020 年全球桃栽培面积变化情况

的 1 328 万吨增长至 2020 年的 2 457 万吨，增长了 85%。全球桃总产量
持续增加的主要原因在于中国桃总产量的持续增加。2000—2020 年，
中国桃总产量从 383 万吨增加至 1 500 万吨，总产量增加了近 3 倍，而
其他国家桃总产量基本保持稳定（图 3-2）。中国桃产量的迅速增加一
方面源于总面积的增加，另一方面源于生产技术推动单产水平提高。
2000 年中国桃单产为 8 230 千克/公顷，远低于全球平均水平 10 422 千
克/公顷；到 2020 年中国桃单产提高到了 19 283 千克/公顷，远超全球
平均水平（表 3-1）。

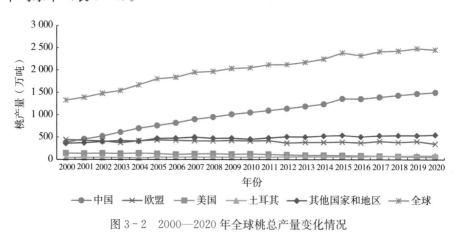

图 3-2 2000—2020 年全球桃总产量变化情况

再分析我国桃产业国内生产的具体特征。2000—2020 年，我国桃产量
持续增加，由 2000 年的 383 万吨增长到 2020 年的 1 500 万吨。桃栽培总面
积则从 2015 年达到顶峰后逐步下降，并稳定在 78 万公顷左右（图 3-3）。

2020 年我国居民人均鲜瓜果消费量为 60.1 千克[①]，而按照我国桃消费结构情况折算，2020 年我国居民人均鲜食桃消费量在 8 千克左右，显然我国桃产业亟须从增量转向提质发展。

表3-1 全球桃主要生产国或地区桃生产率情况

单位：千克/公顷

国家/地区	2000 年	2005 年	2010 年	2015 年	2020 年
中国	8 230	11 260	14 627	16 468	19 283
欧盟	16 664	17 243	16 402	17 216	17 425
美国	18 284	18 121	21 103	18 949	18 970
土耳其	12 142	12 655	12 515	14 442	19 013
智利	14 629	15 787	18 435	20 057	21 301
全球	10 422	11 970	13 359	14 650	16 470

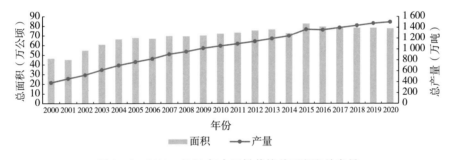

图3-3 2000—2020 年中国桃栽培总面积和总产量

分省份来看（表3-2），山东、河北、江苏和浙江 4 省的桃栽培面积和产量占全国的比重均呈现下降趋势，山西、安徽、四川、贵州和云南 5 省的桃栽培面积和产量占全国的比重均呈现迅速增加趋势。山东始终是我国桃栽培面积最大和产量最高的省份，尽管 2001 年以来栽培面积比重呈下降趋势，但产量始终占据我国桃总产量的 20% 以上。

3.1.1.2 桃种植成本上升桃农利润下降

目前，《全国农产品成本收益资料汇编》中未对桃生产成本收益进行统计分析。本部分利用国家桃产业技术体系每年度各综合试验站汇报的数

---

① 数据来源于 2021 年《中国统计年鉴》。

据、产业经济岗位调查数据以及 2021 年度专题调查数据进行分析。

表 3-2　中国主要桃生产省份栽培面积与产量占比情况

单位：％

省份	面积占全国比重					产量占全国比重				
	2001 年	2005 年	2010 年	2015 年	2020 年	2001 年	2005 年	2010 年	2015 年	2020 年
山东	18.54	18.70	14.07	13.66	13.33	23.09	26.39	23.29	20.35	21.33
河北	16.27	14.62	11.93	10.66	8.67	19.03	16.38	13.98	14.16	7.79
河南	6.73	8.89	10.27	8.91	9.00	6.48	7.88	9.73	8.75	9.87
江苏	5.52	4.84	4.95	5.67	4.73	6.80	4.18	4.37	4.53	4.00
浙江	4.06	3.63	3.64	3.61	3.32	3.70	3.75	3.40	3.14	2.67
湖北	8.51	6.42	6.83	8.05	5.33	7.55	6.15	5.81	6.83	4.67
山西	—	1.46	2.24	3.75	5.12	1.04	1.74	3.07	7.21	9.33
安徽	2.12	3.04	3.35	4.19	8.40	2.06	2.78	4.11	4.39	7.14
四川	4.25	5.05	6.27	5.93	7.23	4.61	4.18	3.98	4.04	8.19
贵州	1.06	2.32	2.75	4.36	6.63	0.93	0.86	0.82	1.39	5.19
云南	3.79	2.69	3.36	4.12	5.42	1.77	1.49	1.63	2.06	5.05
合计	70.85	71.66	69.66	72.91	77.18	77.06	75.78	74.19	76.85	85.23

数据来源：农业农村部种植业司和国家桃产业技术体系，并进行整理。

　　首先，分析本研究使用的 2021 年度 4 省专题调研数据中桃农生产经营的成本收益情况。桃农亩均总成本为 5 151.13 元，其中人工成本 3 458.52 元，占总成本比重最高，为 67.14％；物质和服务费用为 1 203.18 元，占比为 23.36％；土地成本为 489.43 元，占比 9.50％。桃农亩均总产值为 8 238.10 元，扣除总成本，亩均净收益仅为 3 086.97 元；如果仅计算现金成本，桃农的现金收益可以达到 6 592.01 元（表 3-3）。

　　再结合国家桃产业技术体系每年度各综合试验站汇报的数据、产业经济岗位调查数据来分析。2017 年全国 14 个桃主产省份的桃农亩均总产值为 9 470.22 元，亩均净利润可以达到 5 236.82 元；到 2020 年，全国 14 个主产省份的桃农亩均总产值为 8 791.66 元，亩均总成本 4 632.17 元，亩均净利润 4 159.487 元。从成本收益的变动趋势看，桃农亩均总产值在下降，亩均净利润也在持续下降，生产经营成本逐步提高。

在生产环节中，桃农的亩均现金收益比亩均净利润高了1倍多，生产过程中家庭用工折价和自营地折租占比较高，意味着桃农经营面积较低，主要以家庭劳动力为主进行生产经营。从生产成本和收益的变动趋势看，桃农在"成本地板"和"价格天花板"的"双板挤压"下增收困难。

表3-3　2021年桃生产经营的成本收益

项目	亩均值（元）	成本占比
总成本	5 151.13	100%
物质与服务费用	1 203.18	23.36%
人工成本	3 458.52	67.14%
家庭用工折价	3 161.69	61.38%
雇工费用	296.83	5.76%
土地成本	489.43	9.50%
流转地租金	146.08	2.83%
自营地折租	343.35	6.67%
总产值	8 238.10	
净收益	3 086.97	
现金成本	1 646.09	
现金收益	6 592.01	

数据来源：本研究所使用的数据来自921份专题调研数据。

3.1.1.3　桃主产区产业同构显现，品种和熟制结构趋同

目前，我国总计桃品种有1 000余种，依成熟期可分为早熟、中熟、晚熟3种熟制，进一步可细分为极早熟、早熟、中熟、晚熟、极晚熟；依果肉色泽可分为黄肉桃和白肉桃；依果实特征可分为普通桃、油桃、蟠桃3大类型；依用途可分为鲜食、加工、兼用品种、观赏桃等（国家桃产业技术体系，2016）。

从品种数量与结构看，平均每户种植桃品种数量超过7种，其中普通桃占比超过75%，普通桃和油桃为主要栽培种类[①]。由于我国将早熟桃作为育种最主要目标之一（王力荣，2021），早熟桃比例持续增加，中熟桃

---

① 数据来源于国家桃产业技术体系在2017—2021年对主产区桃生产经营主体的微观调查。

比例逐步下降。整体看，我国桃产业品种结构不合理，比例失调，部分产区早熟品种过多，同类型果实同期大量成熟，出现了积压滞销现象。单个桃农种植品种数量过多，资源配置效率偏低；并且，种植品种的杂乱往往使得产业技术难以精准配套，标准化体系建设相对落后，制约桃产业高质量发展。另外，根据国家桃产业技术体系各综合试验站的汇报材料[①]，各省份的主栽品种同质性较高，例如中油4、8号等基本覆盖了所有的油桃产区；春美、白凤、湖景等白肉普通桃几乎出现在所有主产省份；而肥城桃、深州蜜桃等地方特色桃品种栽培面积却逐步下降。主产区间出现一定的产业同构现状，栽培品种结构和熟制结构趋同。表3-4为主要省份桃种类结构分布。

表3-4　主要省份桃种类结构分布

省份	类型				熟制结构（%）		
	普通桃	黄桃	油桃	蟠桃	早熟	中熟	晚熟
山东	√	√	√		10	40	50
河北	√		√		40	35	25
河南	√	√	√		60	30	10
辽宁	√		√	√	30	40	30
北京	√		√	√	56	28	16
江苏	√		√		30	40	30
浙江	√				40	40	20
安徽	√	√	√		45	35	20
湖北	√		√		60	30	10
四川	√		√		50	30	20
云南	√		√		40	30	30

数据来源：国家桃产业技术体系产业经济交流会。

3.1.2　桃价格情况

我国的桃产业目前形成了从生产、批发到零售/加工的完整产业链，

---

① 各综合试验站在国家桃产业技术体系产业经济交流会上的汇报。

整个供应链以批发市场连接生产与消费（陈超、徐磊，2020；桃产业技术体系，2016）。桃市场供应链结构以批发市场为界分为"生产—流通"和"流通—消费"两个环节（桃产业技术体系，2016）。随着农产品电子商务的迅速发展，线上渠道也逐渐成为桃的重要销售渠道之一。

3.1.2.1　全国批发市场桃价格总体特征

桃的销售价格具有较强的季节性波动，早熟桃价格最高，波动程度也最大；中熟桃的价格相对较低，价格也较为稳定。在各年度内，桃价格先快速上升，一般在 5 月初达到最高值后开始持续下降；7—8 月桃的价格低并且相对稳定，9 月后桃价格开始缓慢上升，呈现出 U 形变化趋势。从整体趋势看，桃价格呈现下降趋势，这主要是由于桃栽培面积的相对稳定。但早熟桃的价格在 2018 年后再次上升，这主要是由于早熟桃栽培面积和产量的增加，提高了市场风险。图 3 - 4 为 2014—2021 年全国桃批发市场桃日价格趋势。

图 3 - 4　2014—2021 年全国桃批发市场桃日价格趋势[①]

3.1.2.2　批发市场桃价格区域差异

为考察不同区域的差异性，本文选取了山东、河北、江苏、上海和广东进行差异分析，5 个省份分别代表了主产、主销和产销并存 3 种类型的产区。2020 年，作为主产省份的山东和河北，桃价格低于其他 2 种类型省份；广东和上海作为主销省份，价格波动相对平稳，价格走势基本与全国桃价格走势一致；而作为产销并存的省份，江苏批发市场的桃价格波动较为明显。图 3 - 5 为 2020 年主要省份批发市场桃价格走势。

　　[①]　原始数据来源于商务部全国农产品商务信息公共服务平台。图 3 - 4 展现的是全国批发市场每日桃价格的均值，数据覆盖时间为 2014 年 1 月 1 日至 2021 年 12 月 31 日。

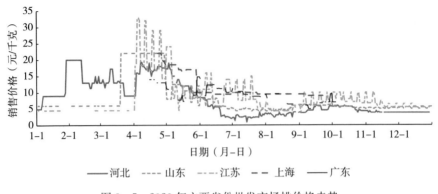

图 3-5 2020 年主要省份批发市场桃价格走势

3.1.2.3 超市各种类桃价格特征

为比较零售市场和批发市场的差异，选取桃产品主要消费城市南京市作为调查城市，选择苏果超市①为固定抽样点进行调查。总体看，普通桃（水蜜桃）的售卖在时间上分布最广，整个调查期内均有销售。油桃销售期集中在 8 月之前，同市场上的桃相比价格也较低。黄桃的销售期也较长，但销售量相对少于水蜜桃和油桃。蟠桃销量少、销售期短，价格相对较高。4 种类型的桃中，水蜜桃和油桃的价格变动幅度相对较大，黄桃、蟠桃的价格变动幅度相对较小（图 3-6）。

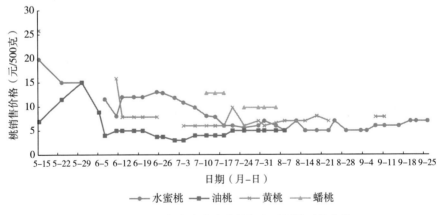

图 3-6 2020 年南京华润苏果超市不同类型桃价格

---

① 苏果超市所销售桃种类较为齐全、价格适中，是市民主要的桃购买地之一，具有一定的代表性。

3.1.3　桃消费情况

3.1.3.1　桃消费结构特征

　　如图 3 - 7 所示，2011—2020 年，全球桃鲜食总量占比均超过 80%；中国桃国内鲜食量占比均超过 82%[①]。从变化趋势看，全球桃鲜食比重从 2016 年开始呈现逐步上升趋势。桃的消费主要以鲜食为主，桃果的加工品则以罐头为主。

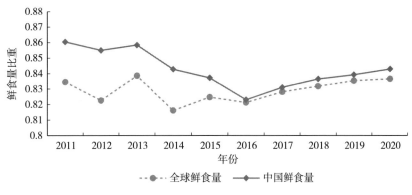

图 3 - 7　全球和中国桃鲜食量比重

3.1.3.2　消费者桃消费偏好特征

　　为分析消费者桃消费的偏好特征，国家桃产业技术体系产业经济研究室在 2021 年通过问卷星对北京、上海、广州、深圳 4 个桃主要消费城市的消费者进行问卷调查。共发放问卷 1 895 份，有效样本量 1 825 份，有效率达 96.3%，其中北京 630 份、上海 595 份、广州和深圳共 600 份。本文对消费者的消费购买行为进行分析，了解当前市场上桃的消费现状，以期为产业布局、品种选育和市场销售等提供一定数据参考。

　　从表 3 - 5 可以看出，消费者购买桃时最关注的属性依次为：质地、新鲜程度、表面有无缺陷、价格。包装、是否有地理标志和品牌偏好程度则排在最后 3 位。由此可以看出，虽然消费市场中的普通桃基本处于饱和状态，消费者对于绿色优质桃产品具有强烈需求，但消费者对桃品质没有

---

　　① 数据来源：美国农业部海外农业服务局。

区分能力，难以对质量进行识别，仅通过外观进行判断。说明在推动桃产业标准化、品牌化、可追溯的高质量发展过程中任务艰巨。

表3-5　消费者购买桃的选择偏好

属性	频数				比率
	第一位的频数	第二位的频数	第三位的频数	总频数	
质地	457	415	334	1 206	66.08%
新鲜程度	391	442	359	1 192	65.32%
表面有无缺陷	255	212	195	662	36.27%
价格	169	234	233	636	34.85%
成熟度	42	142	239	423	23.18%
大小	198	63	72	333	18.25%
表面颜色	34	124	145	303	16.60%
生产产地	151	64	39	254	13.92%
安全性	107	43	64	214	11.73%
是否有机	9	41	47	97	5.32%
品牌	7	14	23	44	2.41%
地理标志	5	10	22	37	2.03%
包装	0	10	11	21	1.15%

　　根据桃的属性：果皮颜色、果肉颜色、大小、成熟度、质地，对消费购买偏好展开进一步分析。从表3-6可以看出，消费者更加偏爱果皮颜色为"以红色（或玫瑰色）为主，底色为黄色（或奶油色）"的桃，占比达到65.7%，对于果皮颜色的偏好在地区间也无显著差异。在果肉颜色上，喜欢白肉桃和黄肉桃的消费者人数较为均衡，有21.26%的消费者表示无所谓，说明果肉颜色对于消费者影响不大。对于桃的大小，偏好"中等桃（1个150～200克）"的消费者人数最多，达到67.01%；其次是"大桃（1个250～350克）"，占比为25.97%。喜欢"七、八分熟"的消费者占到了8成以上，但受制于货架期等客观因素，市场中有些桃往往达不到适宜的成熟度，不仅降低了商品率，还无法满足消费者需求。在质地方面，偏好柔软多汁和肉质脆硬的消费者人数分别占总人数的50.96%和37.86%，另有11.18%的消费者表示"无所谓，都可以"，总体而言消费

者更偏好柔软多汁质地的桃。

表3-6 消费者对桃不同属性的偏好

内部属性		总体	北京	上海	广州深圳
果皮颜色	全红色	3.40%	5.24%	3.19%	1.67%
	全黄色	3.84%	2.70%	5.71%	3.17%
	全绿色	0.49%	0.48%	0.34%	0.67%
	全白色	0.38%	0.32%	0.34%	0.50%
	我不怎么看颜色	5.70%	4.92%	6.55%	5.67%
	以红色（或玫瑰色）为主，底色为黄色（或奶油色）	65.70%	65.08%	66.89%	65.17%
	以浅红色为主，底色为浅绿色	20.49%	21.27%	16.97%	23.17%
果肉颜色	白肉桃	41.86%	46.67%	37.14%	41.50%
	黄肉桃	36.88%	32.70%	37.65%	40.50%
	无所谓	21.26%	20.63%	25.21%	18.00%
大小	迷你桃（1个40~80克，鸡蛋大小）	0.49%	0.16%	0.34%	1.00%
	小桃（1个100~150克）	3.73%	2.38%	2.18%	6.67%
	中等桃（1个150~200克）	67.01%	69.68%	63.70%	67.50%
	大桃（1个250~350克）	25.97%	24.92%	31.60%	21.50%
	超大桃（1个350克以上）	2.79%	2.86%	2.18%	3.33%
成熟度	不到五分熟	0.38%	0.48%	0.50%	0.17%
	五、六分熟	7.45%	4.60%	8.91%	9.00%
	七、八分熟	80.38%	78.89%	81.18%	81.17%
	熟透的桃子	11.78%	16.03%	9.41%	9.67%
质地	柔软多汁	50.96%	44.92%	59.50%	48.83%
	肉质硬脆	37.86%	43.49%	30.08%	39.67%
	无所谓，都可以	11.18%	11.59%	10.42%	11.50%

3.1.3.3 消费者桃购买渠道特征

表3-7给出了消费者购买桃的主要渠道，消费者购买桃的主要渠道是超市、水果专卖店和农贸市场或菜市场，这与我国城市农产品销售渠道格局基本一致。随着农产品电子商务的迅速发展，常用线上渠道购买桃的消费者有35.59%，其中利用社交平台购买的消费者占11.14%，新兴的销售渠道正逐步受到消费者的青睐。

表 3 - 7   消费者桃购买渠道分布情况

购买渠道	频数	比率
超市	1 120	69.70%
水果专卖店	1 083	67.39%
农贸市场或菜市场	986	61.36%
网络平台（淘宝、京东、直播等）	572	35.59%
流动商贩	276	17.17%
批发市场	230	14.31%
社交平台（社区团购、微店、小程序、朋友圈）	179	11.14%
便利店	110	6.85%

3.1.3.4   桃电子商务渠道特征

电子商务的迅速发展使得桃线上销售成为可能，并逐渐成为桃销售的重要渠道之一。如图 3 - 8 所示，2019 年 8 月至 12 月，电子商务平台水蜜桃销售量为 320.79 万单，销售额达到 15 909.19 万元；2020 年和 2021年，电子商务平台水蜜桃销售量分别为 1 074.5 万单和 493.43 万单，销售额分别为 36 029.65 万元和 17 868.53 万元，相对于传统渠道占比还较低。2020 年受新冠疫情影响，桃线上渠道销售量迅猛增长。随着疫情防控工作的深入推进以及疫情局势的逐渐稳定，2021 年桃线上销售量有所回落，且较 2019 年同期也有所下降。从销售时间段看，主要集中在 5—8月。6 月则是销售量最高的月份，7 月是销售额最多的月份，可能是因为主要品种水蜜桃在 7 月集中上市进而带动桃价格上涨。

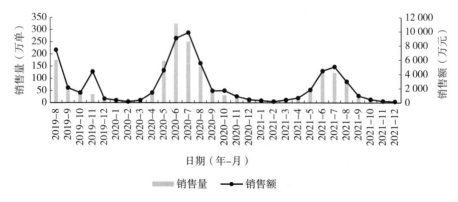

图 3 - 8   2019—2021 年水蜜桃电子商务平台销售量与销售额

3.1.4　桃贸易情况

3.1.4.1　国际桃贸易总体情况

2000—2020 年，全球桃贸易量大致可以分为 2 个阶段，2000—2017 年贸易量基本呈现持续上升态势，2017 年达到最高值后开始下降，而 2020 年因新冠疫情阻碍国际贸易，全球桃贸易量降至 2012 年水平（180 万吨左右）。全球桃贸易额大致可以分为 3 个阶段，第一阶段（2000—2008 年）为持续上升阶段，随着贸易量的增加贸易额稳步上升；第二阶段（2008—2013 年）为波动上升阶段，随着贸易量增加呈现隔年上升态势；第三阶段（2014—2020 年）为相对稳定阶段，桃贸易额基本稳定在 22 亿元左右。2014—2019 年，桃贸易量均超过 190 万吨，最高达 236 万吨，而贸易额维持 22 亿元左右，表明国际桃市场达到了相对饱和状态（图 3 - 9）。

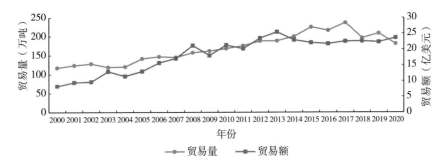

图 3 - 9　2000—2020 年鲜食桃全球贸易量与贸易额①

3.1.4.2　主要出口国家的贸易情况

本文对近十年（2011—2020 年）的主要国家和地区鲜食桃出口量与出口额进行进一步分析。欧盟、土耳其、智利、美国和中国的出口总量占世界总出口量 80％以上，但比重呈现逐年下降趋势。主要生产国的出口量上，中国生产了全球 50％以上的桃，但出口量仅占全球贸易量的 3％左右，基本在国内销售。主要原因在于，中国国内市场消费量庞大，并且桃易腐性强，国与国间长距离运输的交易成本高。虽然，中国出口量仅占

---

① 贸易量和贸易额为出口国报告数据。

全球贸易量的 3% 左右，但自 2014 年起中国桃出口额占全球出口额的比重却超过 3%，平均达到 5% 以上，表明了中国出口的鲜食桃价格较高（表 3-8）。

表 3-8　主要国家和组织鲜食桃出口量与出口额①

单位：万吨、亿美元

年份	2011	2012	2013	2014	2015	2016	2017	2018	2019	2020
出口量										
欧盟	129.41	138.43	135.41	148.90	157.10	147.32	160.17	122.01	131.36	100.83
土耳其	3.29	4.35	3.41	3.94	5.05	5.06	8.88	12.67	10.53	16.33
智利	9.99	9.43	8.77	4.83	8.21	9.20	8.30	9.63	9.74	10.16
美国	10.56	10.10	10.54	9.08	7.78	8.35	5.68	7.06	7.27	6.17
中国	3.90	4.66	3.73	6.53	8.29	7.34	9.60	6.34	12.12	7.76
全球	175.35	188.15	188.39	199.97	224.50	216.14	236.20	195.96	208.10	180.82
出口额										
欧盟	14.72	16.63	18.20	15.92	14.65	14.24	14.33	14.26	12.76	13.93
土耳其	0.22	0.28	0.28	0.35	0.39	0.26	0.70	0.87	0.90	1.52
智利	1.30	1.30	1.23	1.06	1.08	1.27	1.10	1.37	1.42	1.37
美国	1.59	1.84	1.80	1.91	1.54	1.48	1.27	1.35	1.32	1.23
中国	0.27	0.46	0.44	0.81	1.25	1.10	1.41	0.90	1.97	1.35
全球	20.12	23.44	25.38	22.89	22.02	21.71	22.50	22.57	22.28	23.62

3.1.4.3　主要进口国家的贸易情况

近十年来，约有 150 个国家和地区进口了桃。其中，欧盟、俄罗斯、白俄罗斯、哈萨克斯坦、加拿大、美国等国家和组织进口量占全球桃进口量的 75% 以上；进口额占全球桃进口额的 70% 以上。中国在 2011—2015 年基本未进口鲜食桃，但从 2016 年起中国鲜食桃进口量逐年增加，从 2016 年的 0.04 万吨增长至 2020 年的 3.70 万吨，增长超过 90 倍（表 3-9）。

综上来看，全球每年产出的鲜食桃中，约有 10% 的鲜食桃进入国际市场。而中国生产了全球 50% 以上的桃，但出口量仅占全球贸易量的 3% 左右，基本在国内销售。究其原因，一是国际鲜食桃的主要进口国集中在

———————

①　出口量和出口额为出口国报告数据。

欧洲，桃易腐性强，国与国间长距离运输的交易成本高；二是中国桃生产成本迅速提高和桃产品标准化程度低，使得我国鲜食桃在国际市场缺乏竞争力。

表 3-9 主要国家和组织鲜食桃进口量与进口额①

单位：万吨、亿美元

年份	2011	2012	2013	2014	2015	2016	2017	2018	2019	2020
进口量										
欧盟	94.26	101.81	100.61	109.82	126.62	118.81	135.55	109.48	113.28	89.93
俄罗斯	25.09	26.62	23.05	22.54	19.97	19.43	24.95	22.75	19.40	24.02
白俄罗斯	1.05	2.16	3.73	8.20	17.02	11.02	10.80	5.84	4.37	2.84
哈萨克斯坦	2.67	3.09	3.15	4.72	3.79	3.59	4.51	4.76	5.76	5.32
加拿大	5.05	4.57	4.84	4.02	4.05	4.41	3.41	3.68	3.93	4.10
美国	4.70	3.97	3.70	2.35	3.76	4.72	3.97	3.79	3.65	3.10
中国	0	0	0	0	0	0.04	0.88	2.17	2.70	3.70
全球	169.75	183.22	178.59	192.99	220.65	207.31	231.91	198.18	203.60	176.33
进口额										
欧盟	11.71	12.81	14.74	12.57	12.66	12.80	13.26	13.79	11.90	13.28
俄罗斯	3.61	3.75	3.19	2.96	1.18	1.18	2.12	2.08	2.14	2.73
白俄罗斯	0.09	0.23	0.34	1.07	2.25	1.33	1.42	0.66	0.55	0.33
哈萨克斯坦	0.29	0.32	0.29	0.52	0.38	0.25	0.26	0.30	0.45	0.30
加拿大	0.79	0.89	0.88	0.86	0.80	0.80	0.81	0.76	0.74	0.85
美国	0.70	0.50	0.67	0.45	0.83	1.09	0.90	0.97	0.87	0.81
中国	0	0	0	0	0	0.01	0.25	0.58	0.75	0.93
全球	21.97	24.23	26.04	24.26	23.82	22.85	25.02	25.50	24.08	25.83

3.1.4.4 中国鲜食桃进出口情况

2016 年之前，我国基本未进口鲜食桃。2016 年以后我国开始从澳大利亚、西班牙进口鲜食桃。智利油桃自 2016 年 11 月起获准进入中国市场后，成为中国最大的鲜食桃进口国，2020 年进口量达到 2.98 万吨。智利、澳大利亚与中国在鲜食桃贸易上具有季节互补性，未来的进口增长潜力较大（表 3-10）。

---

① 进口量和进口额为进口国报告数据。

表 3 - 10　2017—2020 年中国鲜食桃进口量及进口额

单位：吨、万美元

	2017 年		2018 年		2019 年		2020 年	
	进口量	进口额	进口量	进口额	进口量	进口额	进口量	进口额
智利	4 289	1 111.7	16 347	4 035.3	20 216	5 154.5	29 760.1	6 724.8
澳大利亚	2 280	805.3	5 012	1 733.3	6 690	2 332.4	7 197.3	2 568.3
西班牙	2 211	574.9	312	75.2	46	11	0	0
美国	0	0	0	0	0	0	10.2	5.2
总额	8 780	2 492.2	21 671	5 843.7	26 952	7 497.9	36 967.6	9 298.3

2011—2020 年，中国鲜食桃的出口国家和地区不到 20 个，中国的鲜食桃主要出口到周边的亚洲其他国家和地区。主要的出口国为越南、俄罗斯、哈萨克斯坦，2011—2020 年，每年出口到 3 个国家的桃占中国总出口量的比重超过 85%（表 3 - 11）。

表 3 - 11　2011—2020 年中国鲜食桃主要出口国的出口量及出口额

单位：万吨、万美元

	2011 年	2012 年	2013 年	2014 年	2015 年	2016 年	2017 年	2018 年	2019 年	2020 年
出口量										
越南	2.08	2.15	0.95	1.58	2.13	1.73	2.23	1.26	6.46	5.08
俄罗斯	0.82	0.89	0.65	1.44	2.19	2.46	2.81	2.03	2.14	0
哈萨克斯坦	0.52	1.29	1.79	2.92	2.74	2.51	3.67	2.44	2.33	0
吉尔吉斯斯坦	0	0	0.02	0.2	0.38	0.13	0.3	0.09	0.09	0.61
新加坡	0.04	0.04	0.01	0.02	0.04	0.05	0.031	0.04	0.08	0.06
出口总量	3.9	4.66	3.73	6.53	8.64	7.34	9.6	6.34	12.12	7.76
出口额										
越南	1 421	2 277	1 225	2 529	4 352	3 451	3 874	2 016	12 402	10 028
哈萨克斯坦	553	1 427	2 268	3 420	3 532	3 340	5 444	3 469	3 175	0
俄罗斯	524	660	697	1 544	2 290	3 086	3 401	2 695	2 530	0
吉尔吉斯斯坦	0	2	24	228	453	197	478	146	124	782.8
新加坡	98	78	14	36	138	153	109	99	173	122
出口总额	2 750	4 644	4 363	8 130	13 309	10 985	14 118	9 035	19 747	13 506

3.1.4.5　中国桃加工品进出口情况

2011—2020 年，中国平均每年从 10 余个国家和地区进口桃加工品，并向 80 余个国家出口桃加工品。具体来看，2011—2015 年中国桃加工品进口额先上升后下降；平均每年进口额占全球总贸易额比重为 1.8%。并且，中国主要从南非进口，进口额占总进口额的比重超过 90%。2014 年之前，中国桃加工品出口额呈持续上升趋势，2014 年后逐步下降（图 3-10）。相比于出口鲜食桃，中国出口的桃加工品占全球桃加工品贸易总额比重在 20% 左右，是世界主要的桃加工品出口国。美国和日本是中国出口桃加工品最主要的市场，出口两个国家的比重合计达到 60%。

图 3-10　2011—2020 年中国桃加工品进出口额及比重

综上，中国生产了全球 52% 的鲜食桃，对世界桃产业格局变化带来深刻影响，但出口量仅占全球贸易总量的 3%。并且，劳动力成本的不断攀升使得桃生产成本较高；加之有效的冷链无损运输设施短缺，我国鲜食桃在国际市场缺乏竞争力，桃产品主要消费市场在国内。我国桃加工品以罐头为主，主要原因是我国的桃种植结构以鲜食桃为主（80% 以上）且桃产业链相对初级，在精深加工方面延伸不足。尽管我国桃罐头和桃汁的出口额占全球桃加工品贸易额的 20%，但主要出口日本和美国两个国家（60%），抵抗市场风险的能力较低。

总体来看，桃销售市场是"大市场，小业户"的格局，市场流通无序，产业"两头散，中间乱"问题突出。大多数桃产区过分依赖客商收购，这种当日现货交易机制决定了只能存在单纯的市场关系，市场竞价力量集中于批发商，使得产区价格被收购商控制，消费市场价格被渠道控制

（卢奇等，2017；黄建华，2016）。桃产业中知名品牌少，制约了桃产业向纵深发展。并且以家庭为单位的分散经营模式，难以形成合力，导致果农的品牌意识差，品质优势无法转化成品牌和价格优势。在需求端，消费者重价格轻品质，农贸市场和超市仍是桃的主要终端渠道，主流消费群体对桃的品质难以识别，存在逆向选择问题，使得消费者对价格更为敏感而非品质。消费以鲜果为主，为保证终端果品的新鲜度与完整度，中间环节损耗严重，尽管消费者愿意为此买单但桃农却未能由此获益，反而还要承担来自下游的价格风险。

3.2　地方市场分割的程度测算与分析

　　本研究采用两种方法来测算分割程度，一种是基于"一价定律"的"冰山"成本模型的相对价格法，该方法测算的地方市场分割程度包含了全部影响地方市场分割程度的原因，因此是一个相对总体的指标；另一种是采用问卷调查的方式进行测算，通过对桃农的实地调查，依据导致地方市场分割的原因测算地方市场分割中自然性分割和人为性分割的程度。本文同时使用两种方法测算地方市场分割的程度，既能够从总体上了解地方市场分割对当地桃农生产经营行为和绩效的影响，又能够细化不同原因下的地方市场分割对当地桃农生产经营行为和绩效影响的差异。两种方法相互补充，同时也是对估计结果的稳健性检验。

　　下面对本文中所用的 3 个变量：市场分割指数、自然性分割、人为性分割进行简单变量说明。其中，通过相对价格法测算的为"市场分割指数"，通过问卷调查方式测算的为"自然性分割"和"人为性分割"。这两种均是常用的市场分割测算方法，在微观研究中相对价格法测得的"市场分割指数"反映地区整体层面的情况；问卷调查法测得的"自然性分割"和"人为性分割"反映的是微观个体情况，两种方法测得的结果可以相互验证。

　　（1）市场分割指数。市场分割指数特指通过相对价格法测算得到的地方市场分割程度。本文使用各省批发市场的桃价格监测数据进行计算。相对于问卷测得的自然性分割和人为性分割，市场分割指数所代表的是地方市场分割的一个综合性指标，反映了地方市场分割的总体水平。

（2）自然性分割。指受空间距离等物理因素影响，自然形成的分隔市场。一般来讲，商品和生产要素的流动会受到空间距离这一"天然"屏障的限制，构成潜在的贸易障碍。此外，一些商品由于保存的难易程度和特定的自然属性，不适合进行异地销售，如本文研究的鲜食桃易腐性强，货架期短，储运成本高。同时，地理空间容易造成信息壁垒，隔绝地区间贸易交往的纽带。本文通过问卷调查法测算桃农受到所在地交通条件制约的程度来衡量地方市场分割中的自然性分割程度。

（3）人为性分割。指那些具备全国流通性质的资源却无法在全国范围内正常流通，是受到经济、政治等人为因素影响，增加外地桃产品进入当地市场的交易成本，削弱其竞争优势，形成以地方保护为特征的分割市场。不仅包括地方政府利用行政力量保护本地市场、限制外地市场进入本地市场或限制本地资源流向外地的行为所导致的市场分割；还包括非政府因素的流通渠道、流通组织以及本地生产经营者私自组织的对抗外地商品要素流入本地市场的行为所导致的市场分割。本文通过测算桃农受到所在地保护的程度来衡量人为性分割。

3.2.1　相对价格法测算结果与分析

本文借鉴桂琦寒等（2006）、张昊（2020）等的研究方法，采用"冰山"成本模型的相对价格法进行测算。数据来自商务部监测的全国各地区农产品交易市场中桃的实际价格。与采用相邻地区计算分割指数不同的是，本文将各地区农产品交易市场进行两两配对，具体测算方法如下：

首先，使用商品（鲜食桃）实际价格比的自然对数的一阶差分求出跨区域间的相对价格，如公式（3-1），i、j 分别表示两个不同的批发市场。ΔQ 表示鲜食桃价格变动的幅度。即：

$$|\Delta Q_{ijt}| = \left| \ln \frac{P_{it}}{P_{jt}} - \ln \frac{P_{it-1}}{P_{jt-1}} \right| \qquad (3-1)$$

再剔除市场中鲜食桃的异质性影响，这里使用去除同年度鲜食桃均值（ΔQ_t）的做法以便更加准确地度量桃市场分割程度。

$$q_{ijt} = |\Delta Q_{ijt} - \Delta Q_t| \qquad (3-2)$$

最后，采用 q_{ijt} 计算相对价格变动的方差，由此得到各个地区地方市场分割的程度，该指数为无量纲数据。

　　将计算得到的各地区的地方市场分割程度的数值按照年度取均值，得到全国层面桃市场之间分割的情况，由此可知 2014—2021 年桃市场分割呈现波动上升趋势（图 3-11）。这一结果与刘刚、谢贵勇（2019）通过价格法测算得到的 2003—2016 年农产品市场之间分割程度的变化趋势和张昊（2020）通过价格法测算得到的 2003—2017 年生鲜食品市场之间分割程度的变化趋势较为一致。

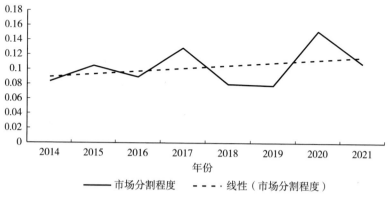

图 3-11　2014—2021 年全国桃市场间的分割程度

　　不仅省域市场之间存在相分割的情况，省内各城市之间同样也存在市场之间相分割的状况（吕冰洋、贺颖，2020）。表 3-12 列出了部分主产省市地方市场分割的程度，从省域之间看，上海作为主要的桃消费省份，同时也是桃栽培历史最悠久的省份之一，上海的桃市场与其他桃市场相分割程度最高；广东作为主要的桃消费省份，地方市场分割的程度相对较低；四川作为桃新兴产区，近些年面积增长迅速，地方市场分割的程度也在逐步提升。作为中国桃生产面积最大的两个省份，山东、河北的桃市场地方市场分割程度相对较低。江苏既是我国桃的优势产区同时也是主要的桃消费省份，省内的桃市场地方市场分割的程度差异显著，常州的桃市场地方市场分割程度明显高于徐州的桃市场地方市场分割程度。

表 3-12　主产省市的地方市场分割程度

	2016 年	2017 年	2018 年	2019 年	2020 年
上海	0.087 8	0.206 3	0.115 8	0.124 3	0.252 1
广东	0.096 7	0.079 7	0.046 8	0.059 9	0.078 8

（续）

		2016 年	2017 年	2018 年	2019 年	2020 年
	四川	0.101 0	0.120 5	0.124 1	0.143 8	0.251 0
河北	石家庄	0.054 7	0.065 0	0.045 1	0.060 2	0.100 6
	邯郸	0.138 9	0.064 1	0.088 9	0.072 2	0.099 6
	唐山	0.102 2	0.133 1	0.114 3	—	—
山东	济南	—	—	—	0.072 0	0.155 0
	青岛	0.096 2	0.101 0	0.069 2	0.060 4	0.096 8
江苏	常州	0.134 4	0.198 9	0.114 0	0.086 5	0.248 7
	徐州	0.124 3	0.077 3	0.047 9	0.064 9	0.096 1

3.2.2　问卷调查法测算结果与分析

表 3-13 是通过问卷调查法测算得到的地方市场分割的程度，通过设置问题并采用 5 级量表进行测算。其中，自然性分割方面：本地交通运输在多大程度上影响了您的桃生产与经营？该问题为 1～5 级选项，数值越大负向影响越强，分割程度越大。人为性分割方面：本地的地方保护程度有多大？包括政府和非政府因素限制其他地区桃进入本地市场、限制外地人在本地种植桃、本地产业扶持政策（如补贴）等。该问题为 1～5 级选项，1=没有保护、2=保护程度较低、3=保护程度一般、4=保护程度较大、5=保护程度很大，数值越大则说明外地桃进入当地市场交易成本越高，地方市场分割的程度就越高。

表 3-13　不同分类下的分割程度

市场分割类型	总样本	不同产区类型				不同主体类型	
		传统产区	新兴产区	早熟产区	非早熟产区	普通农户	新型主体
自然性市场分割	1.624 3	1.572 7	1.708 6	1.477 5	1.749 0	1.656 8	1.570 6
人为性市场分割	1.611 3	1.493 9	1.802 9	1.586 3	1.632 5	1.566 2	1.685 9
样本量	921	571	350	423	498	574	347

从表 3-13 可知，传统产区桃农和新兴产区桃农所在地地方市场分割的程度存在差异，传统产区的桃农无论是自然性分割还是人为性分割均较新兴产区桃农更低。早熟产区的桃农其所在地地方市场分割的程度比非早

熟产区桃农所在地地方市场分割的程度更低。对于不同的农业经营主体，普通桃农所受的自然性分割程度比新型农业经营主体更高；但人为性分割程度比新型农业经营主体更低。

3.3 地方市场分割的成因与影响

3.3.1 地方市场分割的成因分析

地方市场分割的原因较多，各地区的自然因素、经济水平、政治制度因素、文化风俗等均是产生地方市场分割的基础与前提。根据地方市场分割的形成原因，包含"自然状态下的因素"和"非自然状态下的因素"两类，又称自然性分割和人为性分割。本节对桃产业中地方市场分割的成因进行分析。

3.3.1.1 自然状态下的分割

商品和生产要素在流动的过程中会受到空间距离这一"天然"屏障的限制。作为落叶果树作物，桃产业主产区地形主要为山地丘陵，使得桃产品和生产要素的运输成本增加。由于产区之间的交通条件存在差异，使得桃农之间的生产成本和交易成本存在区别，而区域之间资源错配的重要原因之一就是交通基础设施建设的失衡（周海波等，2017）。

消费特征和桃的属性是形成市场分割的重要自然性因素。根据上文分析，中国桃国内鲜食量占比超过 82%；桃作为易腐性强、货架期短的鲜食果品其运输损耗率高和跨区销售成本高。在桃消费特征和产品属性因距离存在矛盾的情况下容易形成特有的市场分割。不仅如此，受生活习惯和历史风俗的影响，不同地区的消费者对于桃类型喜好存在差异，如江浙地区的消费者更偏好柔软多汁的桃，由此也会造成桃产业存在地方市场分割的状况。而对于因产品属性、消费特征以及风俗习惯等因素导致的地方市场分割，现有研究还不足。

3.3.1.2 非自然状态下的分割

非自然状态下的分割是学者们重点研究的方向。从地方政府的角度来看，造成地方市场分割的原因有如下两点：

第一，分割市场的动机。已有研究更多从财政角度阐述地方政府进行分割的行为动机。在脱贫摘帽、推动乡村振兴的过程中，桃产业获得了快速发展。桃作为重要的经济作物，有助于增加农民收入，推动乡村建设发展。但这使得区域内桃栽培面积迅速增加，在一定程度上造成了区域同构以及恶性竞争。此外，由于传统产区桃产业具有一定的比较优势，尤其是在高质量桃市场的竞争中具有一定的优势。新兴产区则通过"干中学"，在一定时期内对桃产业进行地方保护，实现竞争优势逆转。

第二，分割市场的能力。地方政府造成地方市场分割还需要一定的能力支撑。产业发展政策，主要是补贴政策和优惠政策，而这些政策则成了重要的地方保护手段。从桃产业实践看，在某市的农业产业发展的过程中，市政府通过对桃种植主体进行地价补贴，吸引投资进行规模化生产，并进行多项补贴，使得该市桃产业栽培面积一举跃居全省前列，但大力度的补贴政策也在一定程度上扰乱了市场秩序。另一市为重新规划桃产业发展，通过保险全额补贴引导桃农进行生产经营。不仅如此，地方政府还通过质检、市场准入壁垒等方式限制桃产品流通以保护本地桃产业。

此外，还有非政府因素造成的地方市场分割。在产地市场存在本地生产者的联合，限制外地桃流入本地市场、限制外地经营者进入本地市场以及限制本地优势资源流入外地市场等。尤其是在产销地统一的市场，在本地桃进入市场的时候，本地生产者采取恶意竞争等方式限制外地桃产品进入市场，以保障本地生产者的市场规模。由于桃产品的货架期短、耐储性低、运输损失大，因此本地生产者保护壁垒往往比较隐蔽，市场执法难度高。在销地市场，则更多体现为渠道商的分割行为。

3.3.2 地方市场分割对桃产业的影响

桃市场地方市场分割可能存在正负两方面的影响。

3.3.2.1 正面影响

正面作用主要体现在对当地的影响。在一定时期内对桃产业进行地方保护，能够实现竞争优势逆转，进而推动产业发展；通过一定的政策手段，调整地区产业发展规划，推动产业向更合理的方向发展。诸多研究表明，地方市场分割保持较低程度能够促进地区产业和经济发展（王钺，2021；徐保昌、谢建国，2016）。从微观桃农角度来看，本地实行地方保护，能够扩大本地桃农的市场规模，提高市场份额，降低来自外部的市场竞争压力；而优惠政策或补贴则能够提高其收入。另外，市场分割导致的地区间桃价格、生产经营的制度环境等差异，为部分个体提供了套利的机会。

3.3.2.2 负面影响

负面影响在当地和外地均可能发生。在对消费者以及外地桃农的影响方面，当地桃市场地方市场分割增加了外地桃产品进入当地市场的交易成本，使得外地桃农利益受损，同时还会对消费者福利产生负向影响。

在对当地桃农和产业的影响方面。地方市场分割削弱了市场在资源配置中的有效作用，导致相对价格扭曲，产业布局脱离比较优势，造成地区间产业同构；还会使得生产过剩，制约产业结构升级和高质量发展（李嘉楠等，2019；徐保昌、谢建国，2016；Bai 等，2004；陆铭等，2004；银温泉、才婉茹，2001）。在前文的分析中，桃产业出现同构现象，地区间品种结构和熟制结构趋同，并且在过去一段时间内，中国桃产业规模迅速扩大，从世界总产量的 38% 攀升至 52%，出现多个百万亩桃生产省份，但桃出口量较低，而这一段时间世界其他国家的桃生产面积和产量相对稳定。地方市场分割还会使得产品和服务的市场范围缩小，无法实现规模经济效应；产业技术进步与技术升级受阻，优质桃果供应量不足，阻碍了我国桃国际竞争力提升。对于当地桃农而言，市场分割使得价格扭曲，桃农行为偏离最优决策，进而导致生产要素成本、市场交易成本增加等诸多不利影响。

3.4 本章小结

基于经济高质量发展和乡村振兴战略背景，为促进中国桃产业经济健康持续发展。本章从中观产业层面，分国际国内两个视角，贸易、生产和消费 3 个方面剖析中国桃产业整体的发展现状；通过两种方式测算了分割程度；再定性分析桃产业地方市场分割的成因与影响。得到了如下的研究结果：

（1）中国是世界上最大的桃生产国和消费国，中国生产了世界上 50% 以上的鲜食桃，但出口量仅占全球总贸易量的 2% 左右，桃基本在国内鲜销，国内桃鲜食量达到了总产量的 82% 以上。

（2）桃栽培面积在历经快速增长阶段后，在近几年趋于平缓，栽培总面积基本稳定在 78 万公顷左右。而按照我国桃消费结构情况折算，目前产量已超过居民鲜食桃消费量，显然我国桃产业亟须从增量转向提质发展。

（3）在生产环节中，桃农生产经营主要以家庭劳动力为主。从生产成本和收益的变动趋势看，桃农在"成本地板"和"价格天花板"的"双板挤压"下增收困难。

（4）桃的销售价格具有较强的季节性波动，早熟桃价格最高，波动程度也最大；中熟桃的价格相对较低，价格也较为稳定。虽然消费市场中的普通桃基本处于饱和状态，消费者对于绿色优质桃产品具有强烈需求，但消费者对桃品质没有区分能力，难以对质量进行识别，仅通过外观进行判断。

（5）我国桃产业品种结构不合理，早熟桃比重上升迅速，桃品种分布比例失调，部分产区早熟品种过多，同类型果实同期大量成熟，容易出现积压滞销现象；单个桃农种植品种数量过多，资源配置效率偏低。各省的主栽品种同质性较高，主产区间出现一定的产业同构，栽培品种结构和熟制结构趋同。

（6）通过相对价格法测算可知，2014—2021 年中国桃市场之间的分割程度呈现波动上升趋势，桃市场之间的分割不仅体现在省域之间，省内各城市间桃市场之间还存在分割状况。

通过本章的研究，为下文的实证分析提供了经验证据。首先，我国桃基本为国内鲜销，鲜食桃具有不耐储、货架期短的特征，因此由此造成的地方市场分割的程度会更高，对当地桃农生产经营行为和收益影响也更明显。其次，各产区间存在产业同构，品种结合和熟制结构趋同，桃农栽培品种数量较多，资源配置效率低，为后文分析桃农经营行为提供启示。再次，消费市场的发展趋势，如消费升级、渠道转变等为后文分析提供现实基础；桃农在"成本地板"和"价格天花板"的"双板挤压"下增收困难，这也是本文需要研究和解决的问题。最后，从"自然状态下的分割"和"非自然状态下的分割"两方面分析了造成地方市场分割的成因，并从正负两个方面分析了当地桃市场地方市场分割带来的影响。

第4章

地方市场分割对当地桃农
技术投入行为的影响

　　农乃国之本。在经济新常态和农业供给侧结构性改革背景下，探索新旧动能转换过程中如何用技术赋能供给侧，是实现我国现代农业跨越式发展的关键命题。经济学家们认为促使农业成为经济增长源泉的关键在于引进新生产要素，农业生产技术的使用则能够促使农业产值增加，推动农业高质量发展。因此，把握农业经营主体的生产技术投入行为，对解决上述命题具有重要的意义。那么，如何提高农业经营主体的农业生产技术投入？已有研究聚焦于两个层面：一是关注"自上而下"的农业技术推广，认为农业技术推广能够有效提高农业经营主体的技术投入水平；二是探讨农业经营主体的个体特征、禀赋等内在因素，认为提高经营者对于技术的认知、提升经营主体禀赋条件、加强农业生产经营的组织化程度等能够促使农业经营主体增加生产技术投入。由此得到完善农业技术推广体系、优化农业经营主体要素禀赋两条提高农业技术采纳率的路径。当前我国以国家产业技术体系为代表的研发与推广，以及通过培训和推动组织化的方式，为促进农业生产技术的投入使用做出了重要贡献。

　　但是，从市场角度探讨农业经营主体生产技术投入行为还不够充分。一般来说，地方市场分割对外地桃农具有较大的负向影响。那么，地方市场分割是否会对当地桃农技术投入带来影响？其背后的决策机制是什么？地方市场分割的程度对于不同技术投入的影响是否会存在差异？基于此，本章利用国家桃产业技术体系在2021年的921份专题调研数据，实证检验地方市场分割对当地桃农技术投入行为的影响。以期在丰富相关文献上做出一定的贡献，同时为我国的农业技术推广、桃产业以及农业现代化建设发展提供政策参考。

本章的结构安排如下：第一节，具体介绍桃农生产技术及其投入情况；第二节，地方市场分割对当地桃农技术投入影响的理论分析；第三节，研究方法；第四节，地方市场分割影响当地桃农技术投入的实证分析；第五节，本章小结。

4.1　桃农生产技术的具体选择

4.1.1　桃等级规格划分及依据

行业标准划分的桃等级规格对桃农生产技术投入具有重要的参考和指导意义。现行的行业标准规范为 2009 年 12 月 22 日颁布的"中华人民共和国农业行业标准《桃等级规格》（NY/T 1972—2009）"。《桃等级规格》规定了鲜桃的等级、规格、检验、包装和标签。标准将鲜桃的等级划分为特级、一级、二级共 3 个等级[①]，等级划分要求如表 4-1 所示。等级的划分主要包含了果形、果皮着色、果面缺陷 3 类项目，均为感官项目。在商务部颁布的《鲜桃》（SB/T 10090—1992）标准中有关于可溶性固物、总酸和固酸比等理化要求，但由于品种类型多样等原因，理化指标的无损监测成本高，目前鲜食桃仍然以人工分级为主，分级项目基本与表 4-1 和表 4-2 一致。除此之外，对于农残等检测各地方（市场）也具有不同的标准。

表 4-1　桃果实等级划分标准

项目	特级	一级	二级
果形	圆整	圆整	可稍有不正，但不得有畸形果
果皮着色	红色、粉红色面积不低于 3/4	红色、粉红色面积不低于 2/4	红色、粉红色面积不低于 1/4

[①]　3 个等级在符合基本要求的前提下进行划分，基本要求为：成熟、新鲜、洁净、无不正常外来水分、大小整齐度好，无碰压伤、磨伤、雹伤、裂果、虫伤、病果等果面缺陷。

（续）

项目		特级	一级	二级
果面缺陷	碰压伤	无	无	无
	蟠桃梗洼处果皮损伤	无	总面积≤0.5平方厘米	总面积≤1.0平方厘米
	磨伤	无	允许轻微磨伤一处，总面积≤0.5平方厘米	允许轻微不褐变的磨伤，总面积≤1.0平方厘米
	雹伤	无	无	允许轻微雹伤，总面积≤0.5平方厘米
	裂果	无	允许风干裂口一处，总长度≤0.5厘米	允许风干裂口两处，总长度≤1.0厘米
	虫伤	无	允许轻微虫伤一处，总面积≤0.03平方厘米	允许轻微虫伤，总面积≤0.3平方厘米
容许度		可有不超过5%的果实不满足本级要求，但满足一级要求；其中有果面缺陷的果实不超过3%	可有不超过10%的果实不满足本级要求，但满足二级要求；其中有果面缺陷的果实不超过5%	可有不超过15%的果实不满足本级要求；其中有果面缺陷的果实不超过8%

资料来源：中华人民共和国农业行业标准《桃等级规格》（NY/T 1972—2009）。

《桃等级规格》中对于各熟制的桃的规格划分进行了规定，具体如表4-2所示。在实际的销售分级中，不同产区对于桃规格的划分边界存在一定的差异，不同品种间的划分也不一致，但基本高于表4-2所规定的边界范围。

表4-2 桃果实规格划分标准

单位：克

规格	小（S）	中（M）	大（L）
极早熟品种	<90	90~120	≥120
早熟品种	<120	120~150	≥150
中熟品种	<150	150~200	≥200
晚熟品种	<180	180~250	≥250

（续）

规格	小（S）	中（M）	大（L）
极晚熟品种	＜150	150～200	≥200
容许度	各规格不符合单果质量规定范围的邻级果实不得超过5%		

资料来源：中华人民共和国农业行业标准《桃等级规格》（NY/T 1972—2009）。

　　结合第三章表3-5和表3-6，消费者购买桃时最关注的属性依次为：质地、新鲜程度、表面有无缺陷、价格、成熟度、大小、表面颜色等，质量标准和消费者购买偏好为桃农生产技术投入方向提供了参考。尽管无损监测在实际运用中比例很低，消费者在购买桃时也主要以感官属性进行判断，但不代表渠道商和消费者不关心理化指标，各环节仍然会通过抽样方式进行检测，以确定品质情况，"好吃"依然是消费者重复购买的重要因素。此外，在买方市场以及经济发展水平提高带来的消费升级背景下，消费者对于高品质、绿色有机的桃果需求将持续上升（陈超、徐磊，2020；国家桃产业技术体系，2016）；加速推动桃产业高质量发展，提高产业发展水平是当前农业发展的重要任务。因此，本文着重考察的桃生产技术为提质技术。

4.1.2　桃生产技术及界定

　　本文研究的农业生产技术为提质技术，包括控制果形、规格、果皮颜色、果皮外观、口感等生产技术以提高桃果等级的技术以及绿色生产技术。表4-3给出了主要生产技术对桃果生长的影响。

表4-3　桃生产环节技术及其作用机制

环节	机制	效果
土壤管理	包括果园生草、覆草、果园间作和清耕等。提高土壤有机质含量、透气性能、保水保肥能力，提高养分含量。	增加产量 提高质量
养分管理 水分管理	调节水肥供应，影响色泽、风味、果形、可溶性固物等。不同安全等级使用的水肥标准存在差异。	增加产量 提高质量
花果管理	包括促花促果、疏花疏果、套袋，其中疏花疏果调节养分，光热环境能够提高品质，套袋则能防虫提高成果率。	提高质量
整形修剪	整形：合理利用空间、充分利用光能；修剪：调控桃树生长与结果。	增加产量 提高质量

（续）

环节	机制	效果
病虫害防治	减少病虫害对桃树和果实的危害，不同安全等级使用的防治方法和标准存在差异。	增加产量 提高质量
采收	果实的品质、风味、色泽是在树上形成的。成熟度高则不耐储运，成熟度低则品质不佳。	提高商品果率 提高质量

桃农的生产技术选择丰富多样，而桃农使用这些技术的目的是提高桃果的质量以获得溢价，进而提高经营收入。从农业技术发展趋势角度来说，农业生产方式由增产向提质转变是农业供给侧结构性改革的客观要求，对实现我国经济高质量发展意义重大；此外，假设消费者的消费偏好关系是理性的，高品质桃对普通桃具有替代性，其替代弹性与市场对于异质性桃产品的相对需求呈反向关系，在买方市场以及经济发展水平提高带来的消费升级背景下，消费者对于高品质、绿色有机的桃果需求将持续上升（陈超、徐磊，2020；国家桃产业技术体系，2016）。

本研究将桃农的提质技术投入细分为传统技术和绿色技术。其中，传统技术指的是以花果管理技术、水肥管理技术等为代表的传统技术，以改变桃生产中的光热水肥等组合来影响桃果质量的技术。需要强调的是改进型提质技术不包括传统化肥、化学农药的投入。绿色技术指的是以性诱剂、物理防治等为代表的现代农业绿色防控技术，减少传统化学肥药使用，实现环境友好，保障食品安全。本文进一步将提质技术细分为传统技术和绿色技术的原因在于：桃农对于传统技术认知程度更高，技术的不确定性更低；而桃农对于以绿色防控技术为代表的绿色技术认知程度更低，技术使用存在较高的风险（徐志刚等，2018）。同时结合消费者消费行为（表3-5），消费者购买桃时最关注的属性依次为：质地、新鲜程度、表面有无缺陷、价格。包装、是否有地理标志和品牌偏好程度则排在最后3位。由此可以看出，虽然消费市场中的普通桃基本处于饱和状态，消费者对于绿色优质桃产品具有强烈需求，但消费者对桃品质没有区分能力，难以对质量进行识别，仅通过外观进行判断。因此，考虑到不确定性这一条件，桃农对于两种技术的采纳可能存在一定差异。但无论是何种技术，其目的都是为了提高桃果的质量以增加溢价水平。

本文以技术的投入代替具体的技术选择，原因在于：桃的生产技术在区域间呈现不一致的现象，技术之间还存在配套使用问题，并且，提质技术投入程度越高桃果品质越好基本符合生产实际。因此，本文采用桃农提质技术投入的具体值来度量其提质技术投入情况，既包括投入该技术需要的直接投入、间接投入，还包括为使用此技术投入的人工成本。

4.2 地方市场分割对当地桃农技术投入影响的理论分析

市场之间的分割在阻碍商品和要素的跨区域自由流动的同时，也对微观主体的生产活动带来影响，这是影响产业格局变化的重要微观基础（范欣等，2020；贾润崧、胡秋阳，2016）。图4-1揭示了地方市场分割对当地桃农提质技术投入行为的影响机制，当地桃农提质技术投入行为取决于地方市场分割带来的正效应与负效应间的比较。

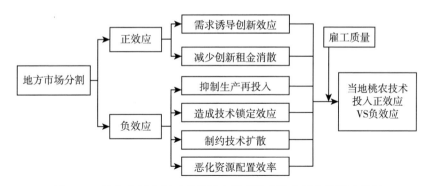

图4-1 地方市场分割对当地桃农提质技术投入行为的影响机制

地方市场分割对当地桃农带来的正效应体现在以下两个方面：

第一，需求诱导创新效应。地方市场分割会抑制其他地区的桃流入当地市场，保障了当地桃农的市场份额。因此，适度的地方市场分割在一定程度上扩大了当地桃经营主体的市场规模，根据"需求诱导创新"理论，市场规模的扩大意味着市场需求的增加和产品多样化与升级的加速，桃农为追求更大的利润则会增加提质技术的投入水平。

第二，减少创新租金消散。市场竞争会带来创新租金消散效应（Schumpeter，1962；Romer，1990），抑制桃经营主体生产技术投入；而适当的地方市场分割降低了当地桃经营主体所面临的外部竞争压力，减少创新租金消散，从而刺激桃经营主体增加提质技术投入以获得更强的竞争能力。

而地方市场分割导致的负效应主要体现在以下四个方面：

第一，抑制生产再投入。尽管地方市场分割能够在一定程度上扩大当地桃农的市场规模，但是当地方市场分割程度过高时，会导致桃产业区域间同构，不利于产业的集聚，无法实现规模报酬递增（邱风等，2015）。当本地市场规模无法消化本地桃时，桃农会寻求外部市场进行销售以扩大市场规模，桃作为易腐性农产品，跨区销售会产生较高的交易成本，压缩收益空间，进而挤占能够用于技术投入的资金，尤其是在金融约束程度较高的"三农"领域（王国刚，2018），这种挤占对于技术投入的抑制作用更加突出。

第二，造成技术锁定效应。当桃农跨区销售以扩大市场规模时，还面临着销售地的市场分割影响，在这种情况下桃经营主体对于市场的选择会更加偏向于低端市场，即能够存在竞争优势的市场，易对技术水平产生"锁定效应"，由此降低了生产投入的积极性和投入强度。

第三，制约技术扩散。地方市场分割程度越低，市场中涌入的外地桃经营主体数量就越多，能够对当地桃产业产生技术外溢效应（黄赜琳、姚婷婷，2020；Bloom等，2013）。当地桃农能够通过和其他地区经营者进行交流学习，以此来提高自身的生产技术水平；此外，那些隐藏在产品、中间品、消耗品中的技术也将随着市场分割程度降低而更多进入本地市场，为本地桃农提供模仿与学习的机会，促使本地桃农提高生产技术水平（徐保昌、谢建国，2016；孙早等，2014）。因此，地方市场分割程度提高会制约生产技术在当地的扩散效应，进而抑制当地桃农技术投入水平。

第四，恶化资源配置效率。地方市场分割条件下要素的自由流动受到阻碍，要素配置被扭曲，恶化了资源配置效率，提高了当地桃经营者的生产经营成本，抑制了资本再投入的可能性，从而使得当地桃经营者生产技术投入力度降低。谢攀、林致远（2016）的研究表明市场之间的分割程度过高会造成劳动力、资本、中间品、服务等要素错配。陈瑾瑜（2015）的研究也表明当市场之间的分割程度达到较高水平时，金融资本的配置效率会恶化，抑制了生产技术进步。

综上，地方市场分割对当地桃经营主体生产技术投入的影响取决于市场竞争、市场规模带来的正效应和交易成本、技术扩散不足、资源错配的负效应之间的比较。因此，地方市场分割对当地桃农生产技术投入具有非线性的影响。为探讨这种非线性影响的具体形式，文章使用 Antoniades（2015）提出的理论模型，并结合李增幅等（2020）、徐保昌和谢建国（2016）的研究模型，分析地方市场分割对当地桃农生产技术投入（提质技术）的具体影响。

消费层面。Antoniades（2015）在 Melitz 和 Ottaviano（2008）的线性需求偏好和内生加价模型引入质量选择，结合 Ubilava 和 Foster（2008）的观点，假设消费者的消费偏好关系是理性的，市场中的桃产品非标准化且存在质量差异，则桃消费者的偏好可表达为：

$$U = q_o^c + \alpha \int_{i \in \Omega} q_i^c \mathrm{d}i + \beta \int_{i \in \Omega} z_i q_i^c \mathrm{d}i - \frac{1}{2} \gamma \int_{i \in \Omega} (q_i^c)^2 \mathrm{d}i - \frac{1}{2} \eta \left(\int_{i \in \Omega} q_i^c \mathrm{d}i \right)^2$$

$$(4-1)$$

式（4-1）中，q_o^c 和 q_i^c 分别表示消费者对同质桃和异质桃的消费量。z_i 表示桃的质量，如果生产者都生产同质的桃（$z_i \equiv 0$），那么该模型与 Melitz（2008）构建的消费者偏好模型一致。参数 α 和 β 分别表示消费者消费异质桃的效用和对异质桃的偏好程度。参数 γ 表示不同桃之间的分化程度，测度了同质桃和异质桃的替代弹性。式中所有的参数均假定为正，可得异质桃的反需求函数为：

$$p_i = \alpha - \gamma q_i^c + \beta z_i - \eta Q^c \qquad (4-2)$$

其中，$Q^c = \int_{i \in \Omega} (q_i^c) \mathrm{d}i$，通过（4-2）式得到线性需求系统：

$$q_i = \tau L q_i^c = \frac{\tau L}{\gamma} \left[\frac{\gamma}{\eta N + \gamma} \alpha - p_i + \beta z_i + \frac{N\gamma}{\eta N + \gamma} \bar{p} - \frac{N\gamma\beta}{\eta N + \gamma} \bar{z} \right], \quad \tau > 1$$

$$(4-3)$$

式（4-3）中，N 表示桃种类数量，L 表示市场规模。τ 为地方市场分割带来的外地桃农交易成本增加，τL 则表示市场分割扩大了当地桃农的市场份额。$\bar{p} = (1/N)\int_{i \in \Omega^*} p_i \mathrm{d}i$ 表示市场上桃的平均价格，$\bar{z} = (1/N)\int_{i \in \Omega^*} z_i \mathrm{d}i$ 表示市场上桃的平均质量，$\Omega^* \subset \Omega$，并满足下列条件：

$$p_i \leq \alpha + \beta z_i^c - \eta Q^c = p_{max} \qquad (4-4)$$

生产层面。首先假设生产技术投入强度（用金额表示强度）越高，桃果的质量就会越好。然后，当地桃农进入本地市场只需要支付固定的费用 f_E，以及边际成本 c，c 的分布是 $G(c)$，取值为 $[0, c_m]$。在给定的生产成本和分割程度下，桃农会最大限度提高桃质量。桃农的成本函数如下：

$$TC_i = \tau q_i c_i + \theta(z_i)^2 + f_E \qquad (4-5)$$

式（4-5）中，$\tau q_i c_i$ 描述的是桃农在市场分割下的可变生产成本。$\theta(z_i)^2$ 是桃农技术投入强度，是提高桃质量所需的固定成本。此时，桃农的定价、产量与利润为：

$$p(c, z) = \frac{1}{2}(c_d + \tau c) + \frac{1}{2}\beta z \qquad (4-6a)$$

$$q(c, z) = \frac{\tau L}{2\gamma}(c_d + \tau c + \beta z) \qquad (4-6b)$$

$$\pi(c, z) = \frac{\tau L}{4\gamma}[(c_d - \tau c) + \beta z]^2 - \theta z^2 \qquad (4-6c)$$

接下来，桃农追求利润最大化来选择最佳的技术投入，得到最优的桃质量为：

$$z^* = \lambda(c_d - \tau c), \quad \lambda = \frac{\beta}{(4\theta\gamma/\tau L) - \beta^2} \qquad (4-7)$$

对式（4-7）计算一阶偏导，得到 $\partial z(c)/\partial \tau < 0$。由此可以解释，在其他条件一定的情况下，地方市场分割使得桃农的交易成本提高，挤占了能够用于技术投入的资金，进而抑制了桃质量的提升。c_d 是桃农生产经营必需的成本参数，$c_d = \alpha - \eta Q^c$。当边际成本参数 $c > c_d$ 时，桃农利润为负，则不生产；当 $c = (1/\tau)c_d$ 时，桃农最优选择是不投入技术。

联立式（4-4）得：$p_{max} = \alpha - \eta Q^c + \beta z_i = c_d$，并整理式（4-6a）～（4-6c），得到：

$$p(c) = \frac{1}{2}(c_d + \tau c) + \frac{1}{2}\beta\lambda(c_d - \tau c) \qquad (4-8a)$$

$$q(c) = \frac{L}{2\gamma}(1 + \beta\lambda)(c_d - \tau c) \qquad (4-8b)$$

$$\pi(c) = \frac{L}{4\gamma}(1 + \beta\lambda)(c_d - \tau c)^2 \qquad (4-8c)$$

$$\mu(c) = \frac{1}{2}(1 + \beta\lambda)(c_d - \tau c) \qquad (4-8d)$$

联立式（4-4）、式（4-7）以及式（4-8a）～（4-8d）可以得到：

$$c_d = \frac{1}{\eta N + \gamma}(\alpha\gamma + \eta N\,\bar{p} - \eta N\beta\bar{z}) \qquad (4-9)$$

$$N = \frac{2\gamma}{(1+\beta\lambda)\eta}\frac{(\alpha-c_d)}{(c_d - \tau\bar{c})} \qquad (4-10)$$

在均衡的状态下，桃农预期利润等于进入市场的成本，因此得到：

$$f_E = \int_0^{c_d/\tau} \pi(c,\,z)dG(c) = \frac{\tau L}{4\gamma}(1+\beta\lambda)\int_0^{c_d/\tau}(c_d - \tau c)^2 dG(c)$$
$$(4-11)$$

根据 Melitz 和 Ottaviano（2008）的研究，成本的削减来自以下公式给出的帕累托分布：$G(c)=(c/c_m)^k$，$c\in[0,\,c_m]$，由此得到：

$$c_d = \tau\left[\frac{\gamma\phi}{(1+\beta\lambda)L}\right]^{\frac{1}{k+2}} \qquad (4-12)$$

其中 $\phi = 2c_m^k(k+1)(k+2)f_E$。这种成本的削减能够衡量市场竞争，$c_d$ 越低意味着竞争越激烈。对式（4-12）计算一阶偏导数得到：$\partial c_d/\partial\tau > 0$，$\partial c_d/f_E > 0$，表明了地方市场分割程度越低，桃农对抗市场分割的成本越低，进入当地市场的外地桃农会增加，竞争加剧。

再将式（4-12）代入式（4-7），并计算一阶偏导数得到：

$$\frac{\partial z(c)}{\partial\tau} = \frac{\partial\lambda}{\partial\tau}(c_d - \tau c) + \lambda\left(\frac{\partial c_d}{\partial\tau} - \tau^2 c\right)$$

$$= \left[\frac{4\tau\beta\gamma\theta L}{(4\gamma\theta - \tau L\beta^2)^2} + \lambda\tau^2\right]\left\{\left[\gamma\phi\left(\frac{1}{L} - \frac{1}{4\gamma\theta}\right)\beta^2\right]^{\frac{1}{k+2}} - c\right\},\ \lambda = \frac{\beta}{(4\gamma\theta/\tau L - \beta^2)}$$
$$(4-13)$$

根据式（4-13），当 $\tau < 4\gamma\theta/L\beta^2$ 时，$\partial z(c)/\partial\tau > 0$，即地方市场分割程度处在较低水平时当地桃农技术投入增加。当 $\tau > 4\gamma\theta/L\beta^2$ 时，$\partial z(c)/\partial\tau < 0$，即地方市场分割程度较高时会抑制当地桃农技术投入行为。因此，当地桃农生产技术投入行为取决于地方市场分割带来的正效应与交易成本的负效应间的比较。即地方市场分割程度处于低水平会促使当地桃农增加技术投入，当地方市场分割达到一定程度时就会抑制当地桃农的技术投入行为。综上，提出本文的研究假说4-1。

研究假说4-1：地方市场分割对当地桃农技术投入的影响呈倒U形。

农业生产的雇工质量在地方市场分割对当地桃农提质技术投入影响关

系中具有调节作用。桃产业是劳动密集型农业产业，而桃产业中机械对于劳动的替代较大田作物还有不小差距。用工量大是桃生产管理中无法回避的重要问题。因此，雇工的工作质量对桃农的决策行为将会产生重要影响。一方面，不同生产环节的提质技术对用工质量的要求不同，即技术使用具有用工的门槛条件；另一方面，雇工的"道德风险"问题会提高生产经营成本，降低劳动生产率（孙顶强等，2019），雇工质量提高能够有效降低桃农的监督成本，进而提高技术采用率和持续使用率。据此，提出本文的研究假说 4-2。

研究假说 4-2：雇工质量在地方市场分割对当地桃农提质技术投入的影响关系中具有调节作用，雇工质量提高了分割的正效应，缓解了分割的负效应。

4.3　研究方法

4.3.1　模型设定

为揭示地方市场分割如何影响当地桃农技术投入行为这一研究内容，并考察雇工质量在地方市场分割对桃农技术投入影响的关系中是否起到调节作用，根据调节效应模型提出检验思路。首先，构建如下的主效应模型：

$$Input_i = \alpha_0 + \alpha_1 segm_i + \alpha_2 segm_i^2 + \eta X_i + \varepsilon_i \qquad (4-14)$$

式（4-14）中，$Input_i$ 为桃农 i 的提质技术投入；$segm_i$、$segm_i^2$ 分别表示核心解释变量市场分割指数（指的是地方市场分割的程度）、市场分割平方项；X 表示一系列控制变量；α_0、α_1、α_2、η 为待估参数；ε_i 表示随机扰动项。

再构建调节效应模型，将中心化之后的市场分割、市场分割指数平方和雇工质量的交互项引入主效应模型，检验调节效应是否显著。

$$Input_i = \beta_0 + \beta_1 segm_i + \beta_2 segm_i^2 + \beta_3 lab + \beta_4 segm_i \times lab_i + \beta_5 segm_i^2 \times lab_i + \lambda X_i + \mu_i$$

$$(4-15)$$

式（4-15）中，lab、$segm_i \times lab$、$segm_i^2 \times lab$ 分别表示雇工质量、雇工质量和市场分割指数的交互项、雇工质量和市场分割指数平方的交互项；μ_i 表示随机扰动项；若公式（4-15）中的待估参数 β_4、β_5 显著，则存在调节效用。

4.3.2 变量设定与描述

4.3.2.1 被解释变量

本部分的被解释变量是桃农提质技术投入。如前文所述，桃农的提质技术包含当前所有以提高桃果品质为主要目标的农业生产技术，本文采用桃农提质技术投入的具体值来度量其投入情况，既包括物质投入还包括技术使用投入的人工成本，用亩均投入金额来衡量。本文将桃农的提质技术投入细分为传统技术和绿色技术，无论是何种技术，其目的都是为了提高桃果的质量以增加溢价水平。同样，这两类细分的提质技术也采用具体的亩均投入金额来衡量，既包括物质投入还包括技术使用投入的人工成本。

4.3.2.2 解释变量

地方市场分割程度是本章的核心解释变量，其测算方法主要有 5 类，本文将使用价格法和问卷调查法进行市场分割测算并展开相关讨论。价格法是通过各地区间商品价格的差异来衡量地方市场分割程度，包括相关分析法、协整分析法和相对价格法，其中相对价格法是价格法中运用最多的方法。但是，该方法测算的产品数量有限，难以反映整体的情况（冯笑、王永进，2022）。相对价格法通常使用实地价格（张昊，2014；Parsley 和 Wei，2001）和价格指数（李增福等，2020；徐保昌、谢建国，2016；黄新飞等，2013）这两类指标来测算。由于测算方法的不同，指标选择和衡量标准存在差异，结果也会有所不同，如价格指数为加总指标，可能会造成测算偏误（Elberg，2016）。本文考察的是单一水果——桃的分割情况，使用的是实际价格测算，通过相对价格法测得的数值是一个综合性的指标，反映了地区整体层面的情况。

正如前文所述，根据市场分割的成因可以将市场分割划分为两类：自然性分割和人为性分割。相对价格法作为一个综合性的指标无法准确反映不同类别的分割。因此，本文采用问卷调查法来测算自然性分割和人为性分割。事实上，本文的研究对象为当地桃农个体，问卷调查法测得的数值能反映微观个体情况，更接近事实真相，对研究微观个体的行为更加适用，同时也更具说服力（叶宁华、张伯伟，2017；李善同等，2004）。

在此需要特别强调的是，通过相对价格法测算地方市场分割程度和问卷调查法测算地方市场分割程度，两者之间并无绝对的孰优孰劣，两者测算层面和维度存在差异，分析侧重点不同。本文采用两种方法测算地方市场分割程度并进行实证检验，以求获得在不同维度上的解释以及通过两种方法对结果进行互为验证。具体测算如下：

（1）相对价格法测算：本文借鉴桂琦寒等（2006）的研究方法，采用基于"冰山"成本模型的相对价格法对地方市场分割程度进行测算，采用省份间两两配对方式。

（2）问卷调查法测算：结合世界银行对于企业的调查问卷以及马述忠、房超（2020）的研究方法，采用调查问卷方法，设置5级量表进行测算。其中，自然性分割方面：当地交通运输在多大程度上影响了您的桃生产与经营？该问题为1~5级选项，1＝交通运输条件很好、2＝交通运输条件较好、3＝交通运输条件一般、4＝交通运输条件较差、5＝交通运输条件很差，数值越大则自然性分割程度越大。人为性分割方面：当地的地方保护程度有多大？包括限制其他地区桃进入本地市场、限制外地人在本地种植桃、本地产业扶持政策（如补贴）等。该问题为1~5级选项，1＝没有保护、2＝保护程度较低、3＝保护程度一般、4＝保护程度较大、5＝保护程度很大，数值越大则人为性分割程度越大。

4.3.2.3　调节变量

本部分的调节变量为雇工质量。通过设置问题："生产中雇佣的劳动力工作质量如何？"，测算桃农所在地区雇工质量情况，并构建雇工质量与市场分割一次项的交互项、雇工质量与市场分割二次项的交互项，依此估计雇工质量在地方市场分割对当地桃农技术投入影响关系中的调节作用。题目的回答项为5级量表，1＝质量很差、2＝质量较差、3＝质量一般、4＝质量较好、5＝质量很好，1~5数字越大雇工质量越好。

4.3.2.4　控制变量

对于控制变量的选择主要依据农户技术采纳的相关研究，同时结合桃产业现实情况。本章中的控制变量包括：个体特征，如年龄、性别、受教育程度、风险偏好、社会网络等（陈超等，2021；高延雷等，2021；高瑛等，2017）；生产经营特征，如经营规模、种植经验、经营主体类型、经营方式、"三品一标"、商标情况等（鲁钊阳，2019；郑适等，2018；薛彩霞、姚顺波，2016；孔祥智等，2004）；外部环境特征，如培训情况、地形、自然灾害情况、区域经济情况等（孔祥智等，2004）。变量选择和设定如表 4-4 所示。

表 4-4　变量定义与描述性统计

变量名称	变量定义与赋值	平均值	标准差
被解释变量			
提质技术投入	提质技术投入金额的亩均值（万元）	0.243 2	0.226 6
传统技术投入	传统提质技术投入金额的亩均值（万元）	0.209 0	0.160 3
绿色技术投入	绿色防控技术投入金额的亩均值（万元）	0.034 2	0.090 3
解释变量			
市场分割指数	通过相对价格法测算得到的值	0.173 8	0.055 4
自然性分割	交通运输在多大程度上影响了您的桃生产与经营？（赋值1～5）	1.624 3	0.976 9
人为性分割	本地的地方保护程度有多大？（赋值1～5）	1.611 3	1.058 5
控制变量			
年龄	桃经营决策者实际年龄（周岁）	55.420 2	9.592 3
性别	桃经营决策者的性别：男=1，女=0	0.782 8	0.412 5
受教育程度	小学及以下=1，初中=2，高中=3，大专=4，大学及以上=5	2.008 7	0.849 5
种植经验	桃经营决策者实际种桃年限（年）	18.538 5	9.857 4
风险偏好	如果有一笔资金用于投资，您更愿选择哪种方案？数字越大风险越低回报越少，越规避风险（赋值1～5）	4.114 0	1.295 1
社会网络	您参与村活动和选举的频率如何？数字越大频率越高（赋值1～5）	2.552 7	1.241 4
面积	经营总面积（亩），取对数	2.458 0	1.398 1
地理标志	是否为地理标志农产品：是=1，否=0	0.337 7	0.473 2
商标	是否注册了商标：是=1，否=0	0.084 7	0.278 6
经营方式	"生产+经销"模式=1，"纯生产"=0	0.237 8	0.426 0
培训	3年内参加的生产经营培训次数（次）	1.230 2	1.973 5
GDP 对数	桃农所在县的GDP，取对数	5.862 0	0.674 1
CPI	桃农所在县的CPI	100.933 9	0.404 1
居民消费水平	桃农所在县的居民消费水平，取对数	10.061 8	0.093 1
自然灾害受损率	平均自然灾害损失率	0.219 3	0.221 9

（续）

变量名称		变量定义与赋值	平均值	标准差
地形		平原＝1，丘陵＝2，山地＝3	1.742 7	0.527 5
经营主体类型	专业大户	是否为专业大户：是＝1，否＝0	0.126 0	0.332 0
	合作社	是否为合作社：是＝1，否＝0	0.129 2	0.335 6
	企业	是否为企业：是＝1，否＝0	0.023 9	0.152 8
	家庭农场	是否为家庭农场：是＝1，否＝0	0.097 7	0.297 1
	普通户	是否为小户：是＝1，否＝0	0.623 2	0.484 8
新兴产区		是否为新兴产区：是＝1，否＝0	0.380 0	0.485 7
雇工质量		生产中雇佣的劳动力工作质量如何？（赋值1～5）	3.503 8	1.350 6

4.3.3 数据来源与样本特征

本研究数据来源于国家桃产业技术体系于2021年10月至12月在江苏、湖北、安徽和山东4省展开的"桃生产经营情况"的专题调查，专题调查问卷均由国家桃产业技术体系产业经济研究室设计，经过体系各岗站专家讨论，并在各省份历经调查反馈后进行修改与完善，此次调查共收集有效样本921份。表4-5给出了2021年专题调研收集的921份样本的桃经营主体基本情况。从样本特征来看，桃经营主体的年龄在40～60岁的占比超过60%；受教育程度在初中的占比最高；经营规模在50亩以下的超过80%，并且多为10亩及以下，占比约为58.2%，表明小规模经营仍占主体地位。

表4-5 样本基本特征情况

特征	分类	频数	占比	特征	分类	频数	占比
教育程度	小学及以下	267	28.990%	年龄	40岁及以下	69	7.492%
	初中	436	47.340%		41～50岁	197	21.390%
	高中（中专）	165	17.915%		51～60岁	419	45.494%
	高中以上	53	5.755%		60岁以上	236	25.624%
种植桃的年份	5年及以下	76	8.252%	栽培面积	10亩及以下	536	58.198%
	6～10年	202	21.933%		10～50亩	246	26.710%
	11～20年	267	28.990%		50～100亩	56	6.080%
	20年以上	376	40.825%		100亩以上	83	9.012%

4.4 地方市场分割影响当地桃农技术投入的实证分析

4.4.1 基准结果与分析

为研究地方市场分割对当地桃农生产技术投入的影响,对理论模型进行回归分析,结果如表4-6所示。方程1为采用稳健标准误的OLS模型回归结果,核心解释变量是通过相对价格法测算的地方市场分割程度(变量名为:市场分割指数)。结果表明,分割程度在5%的统计水平上显著,回归系数为3.392;分割程度平方在5%的统计水平上显著,回归系数为-17.777 4,说明了地方市场分割对当地桃农提质技术投入具有倒U形影响。表现为随着地方市场分割程度的提高,当地桃农提质技术投入先增加后降低。方程2为采用稳健标准误的OLS模型回归结果,核心解释变量是通过问卷调查法测算的地方市场分割程度,包括自然性分割和人为性分割。核心解释变量自然性分割在1%的统计水平上显著,系数为-0.021 2,说明自然性分割抑制了桃农提质技术投入,自然性分割程度增加1个单位,桃农提质总技术投入将会减少212元。核心解释变量人为性分割在5%的统计水平上显著,回归系数为0.069 7;人为性分割平方在5%的统计水平上显著,回归系数为-0.014 1,说明人为性分割对当地桃农提质技术投入具有倒U形影响。表现为地方市场分割程度对当地桃农提质技术投入的影响随着人为性分割程度的提高先增加后减少,转折点为2.471 6,位于人为性分割的取值范围(1~5)。综上,地方市场分割程度的综合性指标市场分割指数对当地桃农提质技术投入具有显著的倒U形影响。具体到不同的分割类型,自然性分割对当地桃农提质技术总投入具有负向影响,人为性分割对当地桃农提质技术总投入具有倒U形影响。

与研究假说4-1存在差异的是,自然性分割对当地桃农提质技术投入具有显著负向影响,非倒U形影响。在地方市场分割的条件下,供需信息不对称是阻碍桃产业发展的重要原因之一(陈庆江等,2018;邱风等,2015),并且,地方市场分割阻碍了技术扩散和要素流动,增加了桃农信息不对称程度和市场风险。而提质技术中的绿色防控等技术本身存在高成本与高风险(徐志刚等,2018),桃农对这些技术的了解程度远低于传统提质技术,桃农提质技术的总投入降低。由表3-5可知,消费者对市场上的桃品质没有区分能力，难以对质量进行识别，仅通过外观进行判断。而传统的技术能够在较大程度上满足这一市场现实状况，进而诱导农户偏向采用传统技术。另外，相比于人为性分割这种人为措施带来的市场规模和降低竞争的正效应的程度，自然性分割仅是通过增加外地经营者的运输成本来影响本地经营者的市场规模和竞争强度，作用效果相对较差。因此，自然性分割对当地桃农提质技术总投入具有显著负向影响；人为性分割对当地桃农提质技术总投入具有倒 U 形影响。为验证这一推论，本章通过将解释变量提质技术投入细化为传统技术和绿色技术进行验证。

表 4-6　地方市场分割与当地桃农提质技术投入的回归结果

变量	方程 1	方程 2
市场分割指数	3.392 0** (2.475 1)	—
市场分割指数平方	−17.777 4** (−2.093 7)	—
自然性分割	—	−0.021 2*** (−3.728 2)
人为性分割	—	0.069 7** (2.235 6)
人为性分割平方	—	−0.014 1** (−2.547 0)
年龄	0.000 9 (1.037 8)	0.000 8 (0.724 2)
性别	0.006 5 (0.360 6)	0.009 3 (0.526 9)
受教育程度	0.008 8 (0.983 2)	0.006 4 (0.726 6)
种植经验	−0.000 7 (−0.874 1)	−0.001 2 (−1.629 5)
风险偏好	−0.004 2* (−1.771 6)	−0.006 8* (−1.776 7)
社会网络	0.004 2 (0.722 3)	0.004 9 (0.874 8)
面积对数	0.002 2 (0.285 2)	0.009 7 (1.075 9)
地理标志	0.025 3* (1.729 1)	0.013 8* (1.714 0)
商标	0.021 7 (0.757 2)	0.014 4 (0.400 6)
经营方式	0.049 3*** (2.750 3)	0.050 8** (2.428 0)
培训	0.006 9* (1.743 6)	0.005 6* (1.706 3)
绿色防控补贴	0.066 8** (2.175 9)	0.076 1** (2.064 2)
安全生产标准	0.023 7 (1.559 2)	0.021 1 (1.342 8)
GDP 对数	0.018 6 (1.298 7)	0.010 3 (0.727 7)
CPI	0.576 4*** (3.198 5)	0.144 6*** (6.427 1)
居民消费水平对数	0.328 7 (0.053 9)	0.128 7 (1.014 2)
自然灾害发生率	−0.075 1** (−2.159 3)	−0.078 7** (−2.471 9)

（续）

变量	方程 1	方程 2
地形	0.012 0（0.651 4）	0.002 4（0.128 5）
专业大户	0.000 5（0.018 4）	0.004 2（0.162 3）
合作社	0.012 6（0.469 7）	0.015 1（0.494 1）
企业	0.085 4*（1.842 3）	0.091 0*（1.832 6）
家庭农场	0.019 1（0.625 4）	0.022 4（0.589 9）
常数	−59.226 3***（−3.200 4）	−15.798 4***（−6.005 2）
样本量	921	921
调整 R^2	0.137 5	0.143 6

注：* $P<0.1$，** $P<0.05$，*** $P<0.01$；括号里面为 t 值。

根据表 4-6 的回归结果可知，桃农的个体特征（年龄、性别、受教育程度和种植经验）对其提质技术投入的影响不显著。桃农的风险偏好在 10% 的统计水平上显著，回归系数为负，表明了规避风险型的桃农提质技术投入程度会更低。桃农栽培的桃果为地理标志农产品，其提质技术投入会更高。经营方式在 1% 的统计水平上显著，回归系数为正，说明"生产＋经销"模式的桃农提质技术投入程度更高。培训在 10% 的统计水平上显著，回归系数为正，说明培训能够有效促进当地桃农提高提质技术投入水平。CPI 越高的地区，当地桃农提质技术总投入越高；桃果为地理标志的桃农提质技术总投入程度更高；获得绿色防控补贴的桃农提质技术投入更高；相对于其他经营主体，企业的提质技术投入更高。而自然灾害发生率在 5% 统计水平上显著，回归系数为 −0.078 7，说明自然灾害发生率提高会使得桃农减少提质技术总投入。

4.4.2 稳健性检验

4.4.2.1 更换回归模型

本文通过更换估计模型的方式进行稳健性检验，结果如表 4-7 所示。方程 1 和方程 2 是以市场分割指数为核心解释变量的估计模型，分别采用 FGLS 模型和 Tobit 模型的回归结果，回归结果表明市场分割指数均在 5% 的统计水平上显著为正，市场分割指数平方均在 5% 的统计水平上显著为负。方程 3 和方程 4 是以自然性分割、人为性分割为核心解释变量的估计模型，分别采用 FGLS 模型和 Tobit 模型的回归结果，结果表明核心解释变量自然性分割均在 5% 的统计水平上显著为负，人为性分割在 5% 统计水平上均显著为正，人为性分割平方在 5% 统计水平上均显著为负。综上所述，与其他市场相分割程度的综合性指标市场分割指数对当地桃农提质技术投入具有显著的倒 U 形影响；具体到不同的市场分割类型，自然性分割对当地桃农提质技术总投入具有负向影响，人为性分割对当地桃农提质技术总投入具有倒 U 形影响，与基准回归结果基本一致。

表 4-7　更换估计模型的回归结果

变量	方程 1 FGLS	方程 2 Tobit	方程 3 FGLS	方程 4 Tobit
市场分割指数	3.853 8** (2.468 6)	4.827 1** (2.100 3)	—	—
市场分割指数平方	−16.612 7** (−2.323 0)	−21.269 7** (−2.383 8)	—	—
自然性分割	—	—	−0.070 6** (−2.400 4)	−0.069 7** (−2.154 3)
人为性分割	—	—	0.013 7** (2.416 6)	0.014 1** (2.288 3)
人为性分割平方	—	—	−0.070 6** (−2.400 4)	−0.069 7** (−2.154 3)
控制变量	已控制	已控制	已控制	已控制
常数	−0.408 9 (−1.398 2)	−0.906 2** (−2.186 9)	−13.523 9*** (−5.714 5)	−15.798 5*** (−6.730 2)
样本量	921	921	921	921
调整 R^2	0.140 1	0.159 1	0.132 6	0.138 3

注：* $P<0.1$，** $P<0.05$，*** $P<0.01$；括号里面为 t 值。

4.4.2.2　工具变量和缩尾处理

考虑到相对价格法测算的地方市场分割对当地桃农提质技术投入可能存在互为因果导致的内生性问题，以及样本异方差，本文采用 GMM 方法进行工具变量估计。本文借鉴连玉君等（2008）和徐保昌、谢建国（2016）对于工具变量的选择方法，采用市场分割指数的滞后期作为工具变量来估计地方市场分割对当地桃农生产技术投入的影响。同时考虑到极值的影响，本文还在 2.5% 和 97.5% 分位点处对数据进行了 winsor 缩尾处理，进行稳健性检验。Kleibergen‐Paap rk LM 统计量的 P 值为 0，Kleibergen‐Paap rk Wald F 统计值大于 10% 显著性下的临界值，拒绝了工具变量弱识别假定，说明了工具变量有效。表 4‐8 中，方程 1 汇报的是采用滞后一期作为工具变量来估计结果，市场分割指数的一次项系数在 5% 统计水平上显著为正，其二次项系数在 10% 的统计水平上显著为负，说明分割程度系数对当地桃农提质技术投入具有倒 U 形影响。方程 2 和方程 3 是缩尾处理的回归结果，方程 2 分割程度系数在 5% 的统计水平上显著，回归系数为正；市场分割指数平方在 5% 的统计水平上显著，回归系数为负，同样说明分割程度系数对当地桃农提质技术投入具有倒 U 形影响。方程 3 中，自然性分割在 1% 的统计水平上显著，回归系数为负；人为性分割的一次项回归系数显著为正，二次项回归系数显著为负。上述结果与表 4‐6 的基准回归结果基本一致，说明了本文的结果是可靠的，研究假说 4‐1 通过了验证。

表 4‐8　工具变量法的回归结果

变量	方程 1 工具变量	方程 2 缩尾处理	方程 3 缩尾处理
市场分割指数	5.314 3** (2.417 1)	4.915 0** (2.096 7)	—
市场分割指数平方	−17.156 9* (−1.684 3)	−18.668 3** (−2.410 6)	—
自然性分割	—	—	−0.018 5*** (−3.494 7)
人为性分割	—	—	0.071 4** (2.465 3)
人为性分割平方	—	—	−0.013 9*** (−2.717 1)
控制变量	已控制	已控制	已控制
常数	−0.522 5 (−1.269 4)	−0.753 8** (−2.095 8)	−14.815 6*** (−6.690 5)

（续）

变量	方程 1 工具变量	方程 2 缩尾处理	方程 3 缩尾处理
样本量	921	921	921
调整 R^2	0.147 2	0.158 6	0.160 5

注：$*P<0.1$，$**P<0.05$，$***P<0.01$；括号里面为 t 值。

4.4.3 地方市场分割对当地桃农不同技术投入影响的差异分析

本文进一步将提质技术细分为传统技术和绿色技术。一般而言，桃农对于传统技术认知程度更高，技术的不确定性更低；而桃农对于以绿色防控技术为代表的绿色技术认知程度更低，技术使用存在较高的风险（徐志刚等，2018）。因此，考虑到不确定性这一条件，桃农对于两种技术的投入可能存在一定差异。

两种提质技术的回归结果如表 4-9 所示，方程 1 和方程 3 是传统技术组的回归结果，方程 2 和方程 4 是绿色技术组的回归结果。地方市场分割对当地桃农传统技术投入和绿色技术投入的影响存在差异。自然性分割和人为性分割均对当地桃农传统技术投入有倒 U 形影响，而对当地桃农绿色技术投入具有显著负向影响。地方市场分割对当地桃农绿色技术投入具有显著负向影响的可能原因是，相对于传统技术，桃农对绿色技术的认知程度较低，技术采纳存在一定的风险性，因此，桃农面对地方市场分割带来的市场规模扩大更倾向投入风险更低的传统技术。结合消费者对于桃果消费行为的分析看，消费者对桃品质没有区分能力，难以对质量进行识别，仅通过外观进行判断，这意味着通过颠覆型提质技术以实现溢价的不确定性高，生产经营的风险增加，因此桃农在消费市场的导向下会降低以绿色防控为代表的绿色技术的投入水平。

表 4-9　不同技术类型的回归结果

变量	方程 1 传统技术	方程 2 绿色技术	方程 3 传统技术	方程 4 绿色技术
市场分割指数	3.295 9** (2.472 9)	−0.175 0*** (−2.757 9)	——	——

（续）

变量	方程 1	方程 2	方程 3	方程 4
	传统技术	绿色技术	传统技术	绿色技术
市场分割指数平方	−11.021 8* (−1.837 1)	—	—	—
自然性分割	—	—	0.046 2** (1.966 7)	−0.012 4*** (−6.276 4)
自然性分割平方	—	—	−0.011 6** (−2.528 6)	—
人为性分割	—	—	0.077 3*** (3.111 4)	−0.007 9*** (−4.310 0)
人为性分割平方	—	—	−0.014 2*** (−3.183 4)	—
控制变量	已控制	已控制	已控制	已控制
常数	−0.373 4* (−1.684 3)	−0.026 2 (−0.538 3)	−12.480 3*** (−6.799 3)	−3.433 8*** (−3.197 9)
样本量	921	921	921	921
调整 R^2	0.179 9	0.069 2	0.167 2	0.078 5

注：* $P<0.1$，** $P<0.05$，*** $P<0.01$；括号里面为 t 值。

4.4.4　雇工质量的调节作用

为分析雇工质量在地方市场分割对桃农提质技术投入影响关系中的调节作用，本文构建了雇工质量与相对价格法测算的市场分割指数及其平方项的交互项，以及雇工质量与自然性分割的交互项、雇工质量与人为性分割的交互项、雇工质量与人为性平方的交互项，并引入模型中进行估计。回归结果如表 4 - 10 所示。

方程 1 中，市场分割指数作为解释变量参与调节效应检验。市场分割指数在 5% 统计水平上显著为正，市场分割指数平方在 1% 的统计水平上显著为负，并且雇工质量与市场分割指数的交互项、雇工质量与市场分割指数平方的交互项在 1% 的统计水平上显著，系数均为正，说明雇工质量增强了地方市场分割对当地桃农提质技术投入的正效应，改善了负效应。方程 2 中，自然性分割在 1% 的统计水平上显著，回归系数为 −0.018 6，并且雇工质量和自然性分割的交互项回归系数在1‰的统计水平上显著，回归系数为0.003 9，说明雇工质量改善了自然性分割对当地桃农技术投入的负向影响。人为性分割对当地桃农提质技术投入具有显著正向影响，而雇工质量与人为性分割交互项在1‰的统计水平上显著，回归系数为0.059 8；人为性分割平方对当地桃农提质技术投入具有显著负向影响，而雇工质量与人为性分割平方交互项在1‰的统计水平上显著，回归系数为0.010 2。结果表明雇工质量增强了人为性分割对当地桃农提质技术投入的正效应，改善了负效应。一方面，雇工质量提高能够有效降低桃农的监督成本；另一方面，雇工质量提高能够提高技术使用效率，进而影响技术投入者的使用积极性与投入强度。

表 4 - 10 雇工质量的调节作用

变量名称	方程 1	方程 2
市场分割指数	4.806 3** (2.132 7)	—
市场分割指数平方	−15.582 3*** (−2.635 4)	—
自然性分割	—	−0.018 6*** (−3.317 2)
人为性分割	—	0.073 8** (2.245 7)
人为性分割平方	—	−0.014 8** (−2.489 2)
雇工质量	0.020 0*** (3.462 0)	0.018 2*** (3.352 5)
市场分割指数×雇工质量	3.033 0*** (2.863 2)	—
市场分割指数平方×雇工质量	8.147 2*** (2.839 0)	—
自然性分割×雇工质量	—	0.003 9** (2.166 7)
人为性分割×雇工质量	—	0.059 8*** (2.694 5)
人为性分割平方×雇工质量	—	0.010 2*** (2.583 2)
控制变量	已控制	已控制
常数	−3.160 6*** (−2.645 9)	−14.746 6*** (−5.546 5)
样本量	921	921
调整 R^2	0.154 8	0.152 6

注：* $P<0.1$，** $P<0.05$，*** $P<0.01$；括号里面为 t 值。

4.4.5 异质性分析

桃产业的发展过程中一部分老产区逐渐缩减，同样也有众多新兴产区崛起。本文将进一步考察不同产区（传统产区和新兴产区），地方市场分割对当地桃农提质技术投入是否存在差异。本文将 2012 年之后建设起来的产业化产区设定为新兴产区，进行分组回归。表 4-11 给出了分组回归的估计结果。

方程 1 汇报的是市场分割总指标，即市场分割指数对传统产区桃农提质技术投入的回归结果，方程 2 为市场分割指数对新兴产区桃农提质技术投入的回归结果，两组间的回归系数差异性检验表明市场分割指数一次项对当地桃农提质技术总投入的影响在两组间有明显差异，回归系数差异检验的 P 值为 0.047 2，说明市场分割对桃农提质技术总投入的正向作用在不同产区间影响不同。从回归系数的绝对值看，传统产区组市场分割指数的回归系数大于新兴产区组，表明相对于新兴产区，低程度的市场分割对传统产区桃农提质技术总投入的促进作用更强。方程 3 和方程 4 汇报的是桃农提质技术总投入在不同产区的回归结果，回归系数差异性检验表明人为性分割对当地桃农提质技术总投入的影响在两组间有明显差异，回归系数差异性检验的 P 值为 0.095 9，说明人为性分割对当地桃农提质技术总投入的正向作用在不同产区间影响不同。从回归系数的绝对值看，传统产区大于新兴产区，表明相对于新兴产区，低程度的人为性分割对传统产区桃农提质技术总投入的促进作用更强。而市场分割指数平方以及自然性分割、人为性分割平方的回归系数在不同产区之间没有显著的差异。

表 4-11　传统产区与新兴产区的回归结果

变量名称	方程 1 传统产区	方程 2 新兴产区	方程 3 传统产区	方程 4 新兴产区
市场分割指数	4.313 7*** (3.243 3)	2.908 8** (2.522 6)	—	—
市场分割指数平方	22.736 5*** (−3.195 9)	21.710 9** (−2.510 9)	—	—
自然性分割	—	—	−0.022 0** (−2.122 1)	−0.013 7* (−1.762 8)
人为性分割	—	—	0.061 9* (1.713 4)	0.040 7* (1.915 6)

（续）

变量名称	方程 1 传统产区	方程 2 新兴产区	方程 3 传统产区	方程 4 新兴产区
人为性分割平方	—	—	$-0.010\ 8^{*}$ $(-1.811\ 6)$	$-0.011\ 4^{*}$ $(-1.832\ 5)$
控制变量	已控制	已控制	已控制	已控制
常数	$-29.633\ 2^{***}$ $(-3.364\ 1)$	$-49.402\ 0^{**}$ $(-2.547\ 5)$	$-25.094\ 9^{***}$ $(-7.358\ 1)$	$-12.328\ 3^{***}$ $(-3.133\ 9)$
样本量	571	350	571	350
调整 R^2	0.211 6	0.079 8	0.193 6	0.112 0

注：$*P<0.1$，$**P<0.05$，$***P<0.01$；括号里面为 t 值。

表 4-12 是雇工质量调节作用的分组回归结果。方程 1 为传统产区组的回归结果，市场分割指数与雇工质量的交互项在 1% 的统计水平上显著，系数为 2.971 7；市场分割指数平方与雇工质量的交互项在 1% 的统计水平上显著，系数为 5.944 1。因此，在传统产区，雇工质量提高能够加强市场分割的正效应、抑制地方市场分割的负效应。方程 2 为新兴产区组的回归结果，市场分割指数与雇工质量的交互项在 5% 的统计水平上显著，系数为 3.287 6；市场分割指数平方与雇工质量的交互项在 5% 的统计水平上显著，系数为 8.379 8。回归系数差异检验表明，市场分割指数和雇工质量的交互项系数在两个产区间无显著差异，P 值为 0.102 7，大于 0.05；市场分割指数平方和雇工质量的交互项系数在两个产区间存在显著差异，P 值小于 0.05，从系数的绝对值大小看，传统产区小于新兴产区。综上所述，雇工质量抑制地方市场分割对当地桃农提质技术总投入的负效应在新兴产区效果更强。

方程 3 为传统产区组的回归结果，自然性分割与雇工质量的交互项未通过显著性检验；人为性分割与雇工质量的交互项在 10% 的统计水平上显著，系数为 0.020 5；人为性分割平方与雇工质量的交互项在 5% 的统计水平上显著，系数为 0.002 9。说明在传统产区，雇工质量提高能够加强地方市场分割的正效应、抑制地方市场分割的负效应，但对于自然性分割和桃农提质技术总投入关系的调节作用不明显。方程 4 为新兴产区组的回归结果，雇工质量与核心解释变量的交互项均通过了显著性检验，系数均为正,说明在新兴产区,雇工质量能够改善自然性分割和人为性分割的负效应,增强人为性分割的正效应。回归系数差异检验表明,人为性分割和雇工质量的交互项系数、人为性分割平方和雇工质量的交互项系数在两个产区间均具有显著差异,均小于 0.05,从系数的绝对值大小看,传统产区小于新兴产区。综上所述,雇工质量对于地方市场分割和当地桃农提质技术总投入关系的正向调节作用,在新兴产区效果更强。

表 4 - 12 雇工质量调节作用的分组回归结果

变量	方程 1 传统产区	方程 2 新兴产区	方程 3 传统产区	方程 4 新兴产区
市场分割指数	5.301 7*** (4.037 2)	3.666 7** (2.106 1)	—	—
市场分割指数平方	−22.354 3*** (−4.243 4)	−24.589 6** (−2.274 6)	—	—
自然性分割	—	—	−0.019 0* (−1.721 8)	−0.010 2* (−1.841 3)
人为性分割	—	—	0.061 4* (1.786 6)	0.103 2** (2.011 1)
人为性分割平方	—	—	−0.010 8* (−1.758 0)	−0.024 4** (−2.375 2)
雇工质量	0.015 3*** (2.601 3)	0.036 5*** (2.944 6)	0.014 8** (2.041 1)	0.017 6** (2.163 7)
市场分割指数× 雇工质量	2.971 7*** (3.126 2)	3.287 6** (2.115 5)		
市场分割指数平方× 雇工质量	5.944 1*** (−3.065 2)	8.379 8** (2.197 8)		
自然性分割× 雇工质量			0.005 8 (1.197 0)	0.002 3** (2.248 8)
人为性分割× 雇工质量			0.020 5* (1.854 4)	0.102 0*** (3.028 9)
人为性分割平方× 雇工质量			0.002 9** (2.422 6)	0.019 4*** (2.992 4)
控制变量	已控制	已控制	已控制	已控制

（续）

变量	方程 1	方程 2	方程 3	方程 4
	传统产区	新兴产区	传统产区	新兴产区
常数	$-2.016\ 3^{***}$	$-0.185\ 8$	$-24.413\ 0^{***}$	$-11.913\ 6^{***}$
	$(-4.101\ 4)$	$(-0.335\ 6)$	$(-7.300\ 2)$	$(-3.119\ 9)$
样本量	571	350	571	350
调整 R^2	0.228 7	0.112 7	0.199 0	0.146 1

注：$*P<0.1$，$**P<0.05$，$***P<0.01$；括号里面为 t 值。

4.5　本章小结

地方市场分割在阻碍商品和要素的跨区域自由流动的同时，也对微观主体的生产活动带来影响。本章在分析地方市场分割与当地桃农提质技术投入关系的基础上，利用 921 份桃农的微观调查数据进行实证检验，同时还实证检验了雇工质量在地方市场分割对当地桃农技术投入影响关系间的调节作用。此外，本文考察了地方市场分割对当地桃农不同类型提质技术投入的影响、地方市场分割对不同类型产区桃农技术投入的影响，并且通过更换实证模型、工具变量法、缩尾处理等方式进行稳健性检验。研究结果表明：

（1）总体上，地方市场分割对当地桃农提质技术总投入具有倒 U 形影响，市场分割指数对当地桃农提质技术投入具有显著的倒 U 形影响。细分产生地方市场分割的原因，不同类型分割上存在一定差异。具体表现为：自然性分割对当地桃农提质技术投入具有显著的负向影响，而人为性分割对当地桃农提质技术投入具有显著的倒 U 形影响。

（2）雇工质量在地方市场分割和当地桃农提质技术投入关系中具有调节作用。雇工质量提高能够有效改善地方市场分割带来的负效应，提高地方市场分割的正效应。原因在于，雇工质量提高能够有效降低桃农的监督成本，并且雇工质量高能够提高技术使用效率，影响技术投入者的使用积极性与投入强度。

（3）地方市场分割对当地桃农不同类型的提质技术投入的影响存在差异。具体差异为：地方市场分割对当地桃农传统技术投入均为显著的倒 U

形影响；地方市场分割对当地桃农绿色技术投入均为显著的负向影响。

（4）地方市场分割对不同产区桃农提质技术投入的影响存在差异。具体差异为：地方市场分割程度低，对传统产区桃农提质技术总投入的促进作用更强，而市场分割指数平方以及自然性分割、人为性分割平方的回归系数在不同产区之间没有显著的差异。

从推动当地桃产业发展来说，由自然因素造成的地方市场分割会使得当地桃农提质技术投入程度降低，并且对于以绿色防控技术为代表的绿色技术具有显著的负向影响。因此，由自然因素造成的地方市场分割不仅对当地桃产业技术升级没有帮助，还使得当地桃农减少了提质技术投入。基于此，为提高桃产业的技术投入水平，应当增加交通等基础设施建设、提高桃果耐储运能力和货架周期。而对于人为因素造成的地方市场分割则具有倒 U 形影响，较低程度的地方市场分割会在一定程度上促使当地桃农提高提质技术投入，解释了产生地方市场分割的现实原因。

本章研究的贡献在于：第一，探讨地方市场分割对当地微观农业经营主体生产经营决策的影响，从一个新的视角来诠释农业经营主体技术采纳的行为机制。第二，为完善我国的农业技术推广体系、促进现代农业建设发展以及构建国内统一大市场提供政策参考。

第5章

地方市场分割对当地桃农
品种选择行为的影响

品种是农业生产的第一要素（信乃诠等，1995；Heisey 等，2003；黄季焜等，2010），加快品种创新是推动农业现代化的首要任务（黄季焜，2013；胡凯、张鹏，2013；熊文、朱永彬，2018），而农户对于新品种的采纳则是实现技术落地的关键环节。在已有的研究中，学者们着重探讨了农户是否采纳新品种的影响因素，缺乏对农户品种组合行为的研究。由于农业生产具有较大的不确定性，农户往往会根据自然条件、市场环境等因素选择不同品种进行组合以规避风险，实现经营效益最优（徐志刚等，2013；Herath 等，1982）。

就桃产业而言，在对全国桃产业的市场监测与生产调研中发现，市场上桃品种数量快速增加。从调查数据来看，蒙阴县市场 2016 年监测到的桃品种数为 31 种，到 2019 年增加到 73 种[①]；2018—2021 年南京农副产品物流中心每年可监测到超过 30 种桃[②]；2021 年桃主产省份户均栽培桃树品种为 6 种，其中经营面积不足 2 亩的桃农栽培品种达到 2.58 种，亩均品种数超过 1 种的占比达 24.15%[③]。

本章将在地方市场分割条件下探讨桃农品种选择行为。地方市场分割是否会影响当地桃农品种选择行为决策？其背后的决策机制是什么？为此，本部分首先试图从理论层面来探讨地方市场分割对当地桃农品种选择的行为逻辑。再利用 2021 年的 921 份专题调研数据，实证检验地方市场分割对当地桃农品种选择行为的影响。为优化我国桃产业生产布局、提高

---

① 数据来源于蒙阴县发改局（物价局）2016—2020 年品种价格监测数据。
② 数据来源于国家桃产业技术体系产业经济研究室 2018—2021 年批发市场监测数据。
③ 数据来源于对国家桃产业技术体系产业经济研究室 2021 年桃农生产调研数据的整理。

桃农收入和促进桃产业高质量发展提供理论参考。

5.1　地方市场分割对当地桃农品种选择行为影响的理论分析

　　早期在研究农户品种选择行为时，把农户追求利润最大化作为唯一目标。但实际上，农户的生产决策过程具有多目标性（马志雄、丁士军，2013；张森等，2012；刘帅、钟甫宁，2011；Gómez - Limón 等，2004；Doppler 和 Wolff，2002）。本部分主要研究地方市场分割对当地桃农品种栽培数量决策的影响，因此，建立利润最大化和风险最小化的桃农品种选择决策模型，以此来揭示桃农品种选择行为决策。当农户所在地市场分割的时候，供需信息不对称是阻碍产业发展的重要原因之一（邱风等，2015；陈庆江等，2018；Charles 等，2002）。地方市场分割情况下，当地桃农面临的生产经营风险来自两个方面。一是净收入的不确定性风险，地方市场分割导致的市场价格失灵使得当地桃农无法准确掌握桃品种类型的市场供求信息和价格信息，由于这种当日现货交易机制决定了只能存在单纯的市场关系，因此市场竞价力量集中于批发商（卢奇等，2017；黄建华，2016），桃农作为价格的被动接受者，面临着较大的净收入不确定性风险。二是品种自身风险，桃农和苗木厂商之间信息极不对称，品种推广过程中存在严重的"道德风险"，苗木市场劣质苗木泛滥、一苗多名和同苗异名现象频发（王志强等，2011），并且，地方市场分割阻碍了外地桃生产技术与要素向当地扩散和流动，增加了当地桃农信息不对称程度，进一步增加了当地桃农品种选择的风险。

　　假定当地桃农栽培的桃面积为 A，新老品种单位面积的生产成本均为 C。再假设在统一市场中当地桃农的信息完全充分，其对于新品种的预期单产和预期价格分别为 $E(q^{new})$ 和 $E(p^{new})$，新品种桃的栽培面积比重为 a；当地桃农对于老品种的预期单产和预期价格分别为 $E(q^{old})$、$E(p^{old})$，老品种桃的栽培面积比重为（$1-a$）。由此，构建桃农品种选择和组合的利润、风险双目标的效用决策模型：

$$U = \lambda_1 \pi + \lambda_2 R$$
$$= \lambda_1 \{aE[q^{new}(\tau)]E[p^{new}(\tau)] + (1-a)E(q^{old})E[p^{old}(\tau)]A - CA\} - \lambda_2 f(\tau, a, n)$$

$$= \lambda_1 \left\{ \begin{array}{l} aA\{E[q^{new}(\tau)]E[p^{new}(\tau)] - E(q^{old})E[p^{old}(\tau)]\} \\ + E(q^{old})E[p^{old}(\tau)]A - CA \end{array} \right\} - \lambda_2 f(\tau, a, n)$$

$$(5-1)$$

式（5-1）中，U 是桃农的效用函数；π 是利润函数；R 是风险函数，由地方市场分割程度 τ、新品种桃的栽培面积比重 a、栽培的新品种数量 n 决定，用 $f(\tau, a, n)$ 来表示；λ_1、λ_2 分别表示桃农效用函数中利润与风险的权重，并且 $\lambda_1 + \lambda_2 = 1$。桃农新品种组合下的优质桃预期收益为：

$$E[q^{new}(\tau)]E[p^{new}(\tau)] = \frac{\sum_{i=1}^{n} a_i A q_i^{new}(\tau) p_i^{new}(\tau)}{aA} = \frac{\sum_{i=1}^{n} a_i q_i^{new}(\tau) p_i^{new}(\tau)}{a}$$

$$(5-2)$$

由于地方市场分割，当地桃农面临着信息不对称。地方市场分割程度越高，当地桃农面临的市场信息越不对称，对于新品种桃的预期产量和价格信息越不清楚，当地桃农面临的市场风险程度就越高，新品种不仅期望产量和价格低，波动性也强，风险较高。相对于新品种，桃农对老品种掌握的信息更加充分。此外，由于桃育种栽培技术的进步，还需要假设市场上所有新品种的平均预期产量和价格高于所有的老品种，或者说新品种较老品种更适合流通和销售（尽管市场上存在单个新品种的产量和价格要低于老品种）。桃农追求利润、风险双目标下的效用最大化。因此，桃农一方面会增加品种组合来提高产量和价格；另一方面会通过品种多样化来规避风险。如果桃农要提高收益，就需要引进新品种来提高品种组合的增收能力，因为新品种的平均单产和价格要高于老品种。但是，地方市场分割使得当地桃农对于新品种的期望收益降低。对于控制风险需要，桃农通过增加栽培数量、分散栽培面积来规避风险，以获得更高的效用。综上，可以得到：①$\partial f/\partial \tau > 0$，市场分割程度提高会增加风险；②$\partial f/\partial a > 0$，新品种桃栽培面积越大风险越高；③$\partial f/\partial n < 0$，桃农栽培品种数量增加能够降低风险。

因此，地方市场分割，当地桃农通过栽培新品种不一定能够增加效用，但增加品种栽培数量则能够通过降低风险来提高其效用水平。基于上述，提出本文的研究假说 5-1。

研究假说 5-1：地方市场分割对当地桃农品种栽培数量具有正向影响，地方市场分割增加了当地桃农经营风险，使得当地桃农通过增加品种栽培数量规避风险。

5.2　研究方法

5.2.1　模型设定

根据理论分析，本章构建桃农品种栽培数量决策模型，实证检验地方市场分割对当地桃农品种栽培数量决策行为。

桃农新品种栽培数量的计量经济模型为：

$$NUM_i = \alpha_0 + segm_i\alpha_1 + X_i\alpha_2 + \varepsilon_i \qquad (5-3)$$

式（5-3）中，被解释变量 NUM_i 为桃农 i 栽培的品种数量；解释变量 $segm_i$ 为地方市场分割程度；X 为控制变量，包括桃农个体特征、经营特征、外部环境特征等；ε 为随机扰动项。因为桃农品种栽培数量为计数数据，采用泊松回归模型来估计。

5.2.2　变量设定与描述

5.2.2.1　被解释变量

本部分的被解释变量是桃农品种栽培数量，用桃农栽培的品种数来衡量。这里的品种栽培数量均以调查统计时间内的桃园中现存桃品种来计算。

5.2.2.2　核心解释变量

地方市场分割的程度是本章的核心解释变量，与上一章的核心解释变量一致，本文采用两种方法测算市场分割并进行实证检验，以求获得在不同维度上的解释以及通过两种方法对结果进行互为验证。具体测算如下：

（1）相对价格法测算。本文借鉴桂琦寒等（2006）的研究方法，采用基于"冰山"成本模型的相对价格法对地方市场分割指数进行测算，采用省份间两两配对方式测算。

（2）问卷调查法测算。结合世界银行对于企业的调查问卷以及马述忠、房超（2020）的研究方法，采用调查问卷方法，设置 5 级量表进行测算。其中，自然性分割方面：本地交通运输在多大程度上影响了您的桃生产与经营？该问题为1～5级选项，1＝交通运输条件很好、2＝交通运输条件较好、3＝交通运输条件一般、4＝交通运输条件较差、5＝交通运输条件很差，数值越大则自然性分割程度越大。人为性分割方面：当地的地方保护程度有多大？包括限制其他地区桃进入本地市场、限制外地人在本地种植桃、本地产业扶持政策（如补贴）等。该问题为1～5级选项，1＝没有保护、2＝保护程度较低、3＝保护程度一般、4＝保护程度较大、5＝保护程度很大，数值越大则人为性分割程度越大。

5.2.2.3 控制变量

本章中的控制变量包括：个体特征，如年龄、性别、受教育程度、风险偏好、社会网络等（陈超等，2021；高延雷等，2021；高瑛等，2017）；生产经营特征，如经营规模、种植经验、经营主体类型、经营方式、"三品一标"、商标情况等（鲁钊阳，2019；郑适等，2018；薛彩霞、姚顺波，2016；孔祥智等，2004）；外部环境特征，如培训情况、地形、自然灾害情况、区域经济情况等（孔祥智等，2004）。变量选择和设定如表5-1所示。

表5-1 变量定义与描述性统计

名称	变量定义	平均值	标准差
品种栽培数量	栽培的新品种数量（个）	3.161 8	2.714 1
市场分割指数	通过相对价格法测算得到的值	0.173 8	0.055 4
自然性分割	交通运输在多大程度上影响了您的桃生产与经营？（赋值1～5）	1.624 3	0.976 9
人为性分割	本地的地方保护程度有多大？（赋值1～5）	1.611 3	1.058 5
年龄	桃经营决策者实际年龄（周岁）	55.420 2	9.592 3
性别	桃经营决策者的性别：男＝1，女＝0	0.782 8	0.412 5
受教育程度	小学及以下＝1，初中＝2，高中＝3，大专＝4，大学及以上＝5	2.008 7	0.849 5
种植经验	桃经营决策者实际种桃年限（年）	18.538 5	9.857 4
风险偏好	如果有一笔资金用于投资，您更愿意选择哪种方案？数字越大风险越低回报越少，越规避风险（赋值1～5）	4.114 0	1.295 1

（续）

名称		变量定义	平均值	标准差
社会网络		您参与村活动和选举的频率如何？数字越大频率越高（赋值1~5）	2.552 7	1.241 4
面积		经营总面积（亩），取对数	2.458 0	1.398 1
地理标志		是否为地理标志农产品：是=1，否=0	0.337 7	0.473 2
商标		是否注册了商标：是=1，否=0	0.084 7	0.278 6
经营方式		"生产+经销"模式=1，"纯生产"=0	0.237 8	0.426
培训		3年内参加的生产经营培训次数（次）	1.230 2	1.973 5
GDP对数		桃农所在县的GDP，取对数	5.862 0	0.674 1
CPI		桃农所在县的CPI	100.933 9	0.404 1
居民消费水平		桃农所在县的居民消费水平，取对数	10.061 8	0.093 1
自然灾害受灾率		近5年平均自然灾害损失率	0.219 3	0.221 9
地形		桃园所处地形：平原=1；丘陵=2；山地=3	1.742 7	0.527 5
新旧产区		是否为新兴产区：是=1，否=0	0.380 0	0.485 7
早熟市场		是否为早熟桃主产区：是=1，否=0	0.459 3	0.498 6
经营主体类型	专业大户	是否为专业大户：是=1，否=0	0.126 0	0.332 0
	合作社	是否为合作社：是=1，否=0	0.129 2	0.335 6
	企业	是否为企业：是=1，否=0	0.023 9	0.152 8
	家庭农场	是否为家庭农场：是=1，否=0	0.097 7	0.297 1
	普通户	是否为小户：是=1，否=0	0.623 2	0.484 8

5.2.3　数据来源与样本特征

本研究数据来源于国家桃产业技术体系于2021年10月至12月在江苏、湖北、安徽和山东4省展开的"桃生产经营情况"的专题调查，专题调查问卷均由国家桃产业技术体系产业经济研究室设计，经过体系各岗站专家讨论，并在各省份历经调查反馈后进行修改与完善，此次调查共收集有效样本921份。表5-2分别给出了通过2021年专题调研收集的921份样本的桃经营主体基本情况。从样本特征来看，桃经营主体的年龄在40~60岁，该年龄段占比超过60%；受教育程度在初中及以下的占比最高；栽培面积主要在50亩以下，占比超过80%，并且多为10亩以下，占比约为58.2%，表明小规模经营仍占主体地位。

表 5-2 样本基本特征情况

特征	分类	频数	占比	特征	分类	频数	占比
教育程度	小学及以下	267	28.990%	年龄	40 岁及以下	69	7.492%
	初中	436	47.340%		41～50 岁	197	21.390%
	高中（中专）	165	17.915%		51～60 岁	419	45.494%
	高中以上	53	5.755%		60 岁以上	236	25.624%
种植桃的年份	5 年及以下	76	8.252%	栽培面积	10 亩及以下	536	58.198%
	6～10 年	202	21.933%		10～50 亩	246	26.710%
	11～20 年	267	28.990%		50～100 亩	56	6.080%
	20 年以上	376	40.825%		100 亩以上	83	9.012%

5.3 地方市场分割与当地桃农品种选择行为关系的实证分析

5.3.1 地方市场分割与当地桃农品种栽培数量的回归结果与分析

5.3.1.1 基准结果与分析

本文采用 Poisson 回归模型估计地方市场分割对桃农品种栽培数量的影响，结果如表 5-3 所示。方程 1 是核心变量为市场分割指数的 Poisson 回归结果；方程 2 是核心变量为细化的自然性分割和人为性分割的回归结果。

（1）核心解释变量对桃农新品种栽培数量的影响。在方程 1 中，市场分割指数在 1% 的统计水平上显著，回归系数为正，说明市场分割指数对桃农品种栽培数量具有显著的正向影响，随着市场分割程度的提高，桃农栽培的品种数量增加。在方程 2 中，自然性分割在 1% 的统计水平上显著，回归系数为正，说明自然性分割对当地桃农品种栽培数量具有显著的正向影响。人为性分割也在 1% 的统计水平上显著，回归系数为正，表明人为性分割对当地桃农品种栽培数量具有显著的正向影响。总体看，市场分割对桃农品种栽培数量具有显著正向影响，市场分割程度越高，桃农品种栽培的数量就会越多。

地方市场分割条件下，一方面，当地桃农面临着产销信息不对称，市场价格扭曲使得当地桃农根据市场价格选择栽培品种的风险提高；另一方面，桃农与苗木供应商之间还存在信息不对称，而苗木商掌握的信息更为充分，存在"道德风险"问题，降低了桃农对新品种预期收益，同时也增加了桃农的生产经营风险。而当地桃农通过增加品种栽培数量能够有效规避风险，提高总效用。因此，作为重要的风险规避手段，桃农通过增加品种栽培数量来规避经营风险。即地方市场分割对当地桃农品种栽培数量具有显著的正向影响。

表 5-3　基准的回归结果

变量名称	方程 1		方程 2	
	Poisson 回归	平均边际效应	Poisson 回归	平均边际效应
市场分割指数	11.341 3***	48.778 9***	—	—
	(8.935 4)	(12.336 3)		
自然性分割	—	—	0.081 0***	0.256 0***
			(2.978 9)	(2.941 0)
人为性分割	—	—	0.092 8***	0.293 4***
			(3.578 7)	(3.477 5)
年龄	−0.000 7	−0.003 1	−0.003 6	−0.011 4
	(−0.356 7)	(−0.353 7)	(−1.261 4)	(−1.260 0)
性别	−0.059 7	−0.257 4	−0.092 2	−0.291 4
	(−1.478 5)	(−1.469 0)	(−1.616 7)	(−1.613 6)
受教育程度	0.013 5	0.058 1	0.012 3	0.038 8
	(0.583 9)	(0.580 8)	(0.376 5)	(0.376 6)
种植经验	0.013 5***	0.058 2***	0.022 4***	0.070 9***
	(6.274 4)	(6.201 1)	(7.305 6)	(7.158 4)
风险偏好	0.052 0*	0.224 3*	0.199 4***	0.630 3***
	(1.888 2)	(1.946 7)	(6.026 2)	(6.012 0)
社会网络	0.012 4	0.053 7	0.008 2	0.025 9
	(1.054 3)	(0.471 0)	(0.446 8)	(0.447 2)
面积对数	0.238 6***	1.029 6***	0.237 7***	0.751 6***
	(12.284 3)	(11.211 8)	(8.073 4)	(7.884 9)
地理标志	−0.127 2	−0.549 0	−0.184 9	−0.584 7
	(−0.791 4)	(−0.736 2)	(−1.099 3)	(−1.090 0)

（续）

变量名称	方程 1		方程 2	
	Poisson 回归	平均边际效应	Poisson 回归	平均边际效应
商标	−0.037 0	−0.159 5	−0.194 9*	−0.616 2*
	(−0.406 3)	(−0.405 0)	(−1.671 3)	(−1.678 3)
经营方式	−0.007 0	−0.030 3	0.024 0	0.076 0
	(−0.151 4)	(−0.150 6)	(0.366 1)	(0.365 9)
培训	−0.000 9	−0.004 1	−0.001 4	−0.004 5
	(−0.107 7)	(−0.104 4)	(−0.085 9)	(−0.085 9)
GDP 对数	−0.133 9***	−0.577 6***	−0.127 6***	−0.403 5***
	(−4.142 5)	(−4.132 9)	(−2.867 1)	(−2.852 6)
居民消费水平对数	−19.711 2***	−15.051 5***	−0.794 7**	−0.485 1*
	(−8.549 2)	(−12.684 5)	(−2.444 0)	(−1.823 8)
自然灾害受灾率	0.114 2*	0.234 9*	0.086 7*	1.360 2*
	(1.817 7)	(1.858 7)	(1.696 4)	(1.859 9)
地形	0.054 4*	0.492 8*	0.127 2**	0.402 0**
	(1.862 4)	(1.801 6)	(2.125 1)	(2.140 1)
专业大户	0.050 1	0.211 0	0.118 1	0.274 0
	(0.751 2)	(0.745 4)	(1.086 5)	(0.668 8)
合作社	0.199 0***	0.904 2***	0.170 6*	0.386 2*
	(2.805 4)	(2.680 8)	(1.859 9)	(1.748 8)
企业	−0.315 8***	−0.525 3**	−0.232 1**	−0.573 0*
	(−2.707 3)	(−2.333 3)	(−2.110 6)	(−1.781 6)
家庭农场	0.070 0	0.298 0	0.192 4	0.653 5
	(0.766 4)	(0.750 4)	(1.116 7)	(1.038 4)
样本量	921		921	
R^2	0.135 4		0.142 2	

注：* $P<0.1$，** $P<0.05$，*** $P<0.01$；括号里面为 z 值。

（2）控制变量对桃农新品种栽培数量的影响。基于方程 1 的回归结果，控制变量中，桃农桃种植经验、风险偏好、生产面积、自然灾害受灾率、地形、经营主体为合作社对桃农品种栽培数量具有显著的正向影响。桃农的桃种植经验在 1% 的统计水平上显著，回归系数为正，说明种植经验对桃农品种栽培数量具有显著的正向影响；风险偏好在 10% 的统计水平上显著为正，风险厌恶程度越高，桃农品种栽培数量越多；生产面积在1%的统计水平上显著为正，桃农桃栽培面积越大，其品种数量也越多；自然灾害受灾率在10%的统计水平上显著，回归系数为正，说明受灾率越高桃农品种栽培数量越多，受灾率提高了桃农经营风险，因此会提高品种数量以规避风险；地形在10%的统计水平上显著为正，说明相较于平原地区，桃园在山地丘陵地区的桃农品种栽培数量更多；是否为合作社在1%的统计水平上显著为正，说明相对于普通桃农，经营主体为合作社的品种栽培数量更多。地区经济发展水平中的GDP和居民消费水平、经营主体为企业均对桃农品种栽培数量具有显著的负向影响。GDP在1%的统计水平上显著为负，说明GDP高的地区，桃农品种栽培数量较少；居民消费水平在1%的统计水平上显著，回归系数为负，说明居民消费水平高的地区桃农品种栽培数量更低；经营主体为企业在1%的统计水平上显著为负，相对于普通桃农，经营主体为企业其品种栽培数量更少。

5.3.2 稳健性检验

5.3.2.1 更换回归模型

本文采用负二项回归模型进行稳健性检验，结果如表5-4所示。方程1中，市场分割指数在1%的统计水平上显著，回归系数为正，说明地方市场分割对当地桃农品种栽培数量具有显著的正向影响，地方市场分割程度提高，市场风险增加，桃农通过增加品种栽培数量进行风险规避。方程2中，自然性分割和人为性分割均在1%的统计水平上显著为正，自然性分割和人为性分割均对当地桃农品种栽培数量具有显著的正向影响。更换回归模型后的结果与基准回归结果基本一致。

表5-4 更换回归模型的估计结果

变量名称	方程1		方程2	
	负二项回归	平均边际效应	负二项回归	平均边际效应
市场分割指数	12.361 0*** (7.967 8)	39.212 0*** (7.843 7)	—	—
自然性分割	—	—	0.072 4*** (2.841 3)	0.229 5*** (2.816 8)

(续)

变量名称	方程1		方程2	
	负二项回归	平均边际效应	负二项回归	平均边际效应
人为性分割	—	—	0.088 9***	0.281 7***
			(3.442 7)	(3.353 2)
控制变量	已控制	已控制	已控制	已控制
样本量	921		921	
R^2	0.090 3		0.081 1	

注：* $P<0.1$，** $P<0.05$，*** $P<0.01$；括号里面为 z 值。

5.3.2.2 缩尾处理

考虑到极值的影响，本文还在 97.5% 分位点处对数据进行了 winsor 缩尾处理，进行稳健性检验，回归结果如表 5-5 所示。方程 1 中，市场分割指数在 1% 的统计水平上显著为正，说明市场分割指数对当地桃农品种栽培数量具有显著的正向影响，即地方市场分割程度越高，当地桃农品种栽培数量越多。方程 2 中，自然性分割和人为性分割分别在 5% 和 1% 的统计水平上显著，自然性分割和人为性分割的回归系数均为正，说明自然性分割和人为性分割均对当地桃农品种栽培数量有显著正向影响，地方市场分割程度越高，当地桃农品种栽培数量越多。

表 5-5 缩尾处理后的回归结果

变量名称	方程1		方程2	
	负二项回归	平均边际效应	负二项回归	平均边际效应
市场分割指数	11.927 5***	36.785 7***	—	—
	(8.289 7)	(5.543 8)		
自然性分割	—	—	0.051 5**	0.158 8**
			(2.438 4)	(2.440 8)
人为性分割	—	—	0.057 7***	0.178 1**
			(2.591 8)	(2.566 3)
控制变量	已控制	已控制	已控制	已控制
样本量	921		921	
R^2	0.144 2		0.126 7	

注：* $P<0.1$，** $P<0.05$，*** $P<0.01$；括号里面为 z 值。

综上所述，更换回归模型以及缩尾处理后的回归结果均表明，地方市场分割对当地桃农品种栽培数量具有显著正向影响，研究结果与基准回归模型的结果基本一致。并且，本文测算了地方市场分割程度（市场分割指数）以及具体类型的分割（自然性分割和人为性分割），均表明地方市场分割对当地桃农品种栽培数量具有显著的正向影响，说明本文的研究结果具有较强的可靠性。

5.3.3　异质性分析

本部分通过分组回归，分析在不同类型产区、不同熟制产区下，地方市场分割对当地桃农品种栽培数量的异质性影响。不同分组下的 Chow 检验的 P 值均小于 0.05，因此适合采用分组回归方式进行异质性分析。

从整体上看（表 5-6），方程 1 和方程 2 分别汇报的是传统产区和新兴产区的分组回归结果。方程 1 中，市场分割指数在 1% 的统计水平上显著，回归系数为 5.532 4。方程 2 中，市场分割指数在 1% 的统计水平上显著，回归系数为 13.690 6。方程 1 和方程 2 中市场分割指数的回归系数差异性检验 P 值为 0.033 8（小于 0.05），说明地方市场分割对于传统产区桃农与新兴产区桃农的品种栽培数量的影响存在差异，对新兴产区桃农来说，地方市场分割对当地桃农品种栽培数量的影响更大。

表 5-6　产区类型的分组回归结果

变量	方程 1 传统产区	方程 2 新兴产区	方程 3 早熟产区	方程 4 非早熟产区
市场分割指数	5.532 4*** (4.861 5)	13.690 6*** (7.196 6)	16.020 5*** (5.417 9)	6.632 4*** (7.281 3)
控制变量	已控制	已控制	已控制	已控制
常数项	74.897 5*** (4.630 3)	89.446 7*** (7.364 3)	−82.632 2*** (−5.359 6)	−59.964 3** (−1.967 3)
观测值	571	350	423	498
R^2	0.162 1	0.175 0	0.180 0	0.154 4

注：* $P<0.1$，** $P<0.05$，*** $P<0.01$；括号里面为 z 值。

表 5-6 中，方程 3 和方程 4 分别汇报了早熟产区和非早熟产区的分组回归结果。方程 3 中，市场分割指数在 1% 的统计水平上显著，回归系

数为 16.020 5。方程 2 中，市场分割指数在 1% 的统计水平上显著，回归系数为 6.632 4。方程 3 和方程 4 中市场分割指数的回归系数差异性检验 P 值为 0.013 0（小于 0.05），说明地方市场分割对于早熟产区桃农与非早熟产区桃农的品种栽培数量的影响存在差异，对早熟产区桃农来说，地方市场分割对当地桃农品种栽培数量的影响更大。

从细分的市场分割来看（表 5 - 7），方程 1 和方程 2 分别汇报的是传统产区和新兴产区的分组回归结果。方程 1 中，自然性分割未通过显著性检验，人为性分割在 10% 的统计水平上显著，回归系数为 0.031 5。说明在传统产区，自然性分割对桃农品种栽培数量无显著的影响，人为性分割对桃农品种栽培数量具有显著的正向影响。方程 2 中，自然性分割在 1% 的统计水平上显著为正，人为性分割在 1% 的统计水平上显著为正，表明自然性分割和人为性分割对新兴产区桃农的品种栽培数量具有显著正向影响。自然性分割程度提高会使得新兴产区桃农的品种栽培数量增加，但对传统产区桃农的影响不显著。人为性分割的回归系数差异性检验 P 值为 0.029 0（小于 0.05），说明人为性分割对传统产区与新兴产区的影响具有显著差异。

表 5 - 7　不同类型分割与产区类型的分组回归结果

变量	方程 1 传统产区	方程 2 新兴产区	方程 3 早熟产区	方程 4 非早熟产区
自然性分割	0.010 2 (0.404 8)	0.103 8*** (2.614 6)	0.084 7** (1.819 2)	0.059 0** (2.213 6)
人为性分割	0.031 5* (1.798 1)	0.145 9*** (3.648 8)	0.073 6*** (3.620 6)	0.095 2 (1.260 8)
控制变量	已控制	已控制	已控制	已控制
常数项	−67.571 9*** (−6.187 2)	53.755 0*** (3.228 8)	37.031 3 (1.543 3)	77.522 9*** (8.310 6)
观测值	571	350	423	498
R^2	0.160 1	0.185 4	0.187 7	0.172 0

注：$*P<0.1$，$**P<0.05$，$***P<0.01$；括号里面为 z 值。

方程 3 和方程 4 分别汇报了早熟产区和非早熟产区的分组回归结果。在方程 3 中，自然性分割在 5% 的统计水平上显著，回归系数为 0.084 7，说明在早熟产区自然性分割程度提高会使得桃农增加新品种栽培数量；人为性分割在1%统计水平上显著，回归系数为0.0736，表明在早熟产区人为性分割程度提高会增加桃农新品种栽培数量。在方程4中，人为性分割未通过显著性检验，自然性分割在5%的统计水平上显著，回归系数为0.0590，说明自然性分割对桃农新品种栽培数量具有显著的正向影响。自然性分割系数差异性检验P值为0.8717（大于0.05），表明自然性分割对桃农新品种栽培数量的影响在早熟产区和非早熟产区间无显著差异。

综上所述，对于新兴产区桃农、早熟产区桃农而言，地方市场分割程度越高当地桃农的品种栽培数量越多。桃是易腐性果品，地方市场分割使得桃农储运费用提高、交易成本增加、经营风险提高。传统产区的产业基础相对完善，各环节衔接程度更高，应对市场能力更强，而新兴产区则相对较弱。从第三章可知，早熟桃市场价格波动程度高，市场风险大；中晚熟桃的价格稳定性更强。并且，桃育种也更加倾向于早熟品种，品种当中早熟品种比重相对较高。因此，对于早熟产区桃农而言，地方市场分割对当地桃农品种栽培数量的影响更大。

5.4　本章小结

本章主要讨论了地方市场分割何以影响当地桃农品种选择行为。地方市场分割使得当地桃农在生产资料市场、商品与消费市场的信息不对称程度提高，桃农生产经营的不确定性增加，生产经营风险提升。因此，桃农通过增加栽培的品种数量来规避风险。本文通过构建利润、风险双目标的效用决策模型来分析桃农的行为选择，并采用921份桃农的微观调查数据进行实证检验，探讨地方市场分割对当地桃农品种栽培数量的影响。研究结果表明：

（1）地方市场分割程度提高会使得当地桃农品种栽培数量增加。具体表现为：市场分割指数对当地桃农品种栽培数量具有显著正向影响，市场分割指数提升，当地桃农新品种栽培数量增加。自然性分割和人为性分割均对当地桃农品种栽培数量具有显著的正向影响，地方市场分割程度越高，当地桃农面临的生产经营不确定性越大、风险越高，桃农通过增加品种栽培数量以规避风险。由此解释了当前桃产业中单个桃农栽培品种数量较多的现象。

（2）地方市场分割对当地桃农品种栽培数量的影响在不同产区间存在异质性。对于新兴产区桃农、早熟产区桃农而言，地方市场分割对当地桃农的品种栽培数量影响更大。可能的原因是：传统产区的产业基础相对完善，各环节衔接程度更高，应对市场分割能力更强，而新兴产区则相对较弱；早熟桃市场价格波动程度高，市场风险大，因此地方市场分割对新兴产区桃农、早熟产区桃农品种栽培数量影响更大。

第6章

地方市场分割对当地桃农
桃种植净收入的影响分析

市场经济的核心在于分工和交换，桃作为最早市场化的农产品之一，40 年来，我国桃产业基本形成了以京津冀、山东半岛、长三角、长江中游、中原等 5 大主要消费城市群为"点"，以贯穿其间的高速高铁为"线"，以涵盖晋冀鲁豫苏浙皖 7 省优势产区为"面"的产销格局。在社会分工和产销格局下，桃的生产者和消费者分离、桃主产区与主销区分离，在此情况下需要市场相对统一，产品和要素能够自由流动。尽管分割存在诸多弊端，但各地区仍然存在分割。那么，地方市场分割究竟对当地桃农桃种植净收入产生怎样的影响？本章将对此展开分析。

本章首先从理论层面来探讨地方市场分割与当地桃农经营收益的关系；再利用 2021 年的专题调研数据，实证检验地方市场分割对当地桃农桃种植净收入的影响，揭示地方市场分割影响当地桃农桃种植净收入的作用机制。本章的结构如下：第一部分为地方市场分割影响当地桃农桃种植净收入的理论分析；第二部分为研究方法；第三部分为地方市场分割影响当地桃农桃种植净收入的实证分析，包括主效应分析、中介效应分析和中介调节效应分析；最后是本章小结。

6.1　地方市场分割影响当地桃农桃种植净收入的理论分析

地方市场分割对当地桃农桃种植净收入的影响可以分为两个方面，一方面是直接影响到当地桃农的成本和收益，另一方面是通过影响当地桃农生产经营行为间接影响其桃种植净收入。

在直接影响上，地方市场分割减少了外地桃进入当地市场，降低了当地桃农面临的市场竞争程度，保障了当地桃农的市场份额，在一定程度上保障了当地桃农的收益。但是，地方市场分割会造成信息不对称、资源配置效率降低、生产要素价格上升，使得当地桃农生产经营成本提高、经营收入下降，影响其桃种植净收入增加。由于造成地方市场分割的成因不同，不同的成因对桃农的收益会产生异质性的影响。在具体造成地方市场分割的原因上，本文主要考察了自然性分割和人为性分割，首先，自然性分割使得其他地区桃进入本地市场的运输费用提高，由此使得本地桃农的市场竞争能力增加。其次，人为性分割一方面增加了外地桃进入本地市场的交易成本；另一方面通过补贴等能够直接降低本地桃农的生产成本。但是，自然性分割阻碍外地桃进入当地市场的同时也增加了当地桃进入其他市场的运输成本，增加了生产资料等运输成本，提高生产经营成本；人为性分割造成的市场价格信息失真，使得信息不对称性提高，出现资源配置效率降低等诸多问题，由此当地桃农生产经营成本增加、市场风险提高，进而使得收入下降。

在间接影响上，地方市场分割会影响当地桃农生产经营行为进而影响其桃种植净收入。在本章之前，已经从理论和实证两方面讨论了地方市场分割对当地桃农提质技术投入行为和品种选择行为的影响，在此分析桃农提质技术投入行为和品种选择行为与桃农桃种植净收入的关系。第一，桃农提质技术投入会影响其桃种植净收入。目前，消费者食品消费结构升级、消费需求分化，日益重视食品的营养、绿色、口味和保健等功能（姜长云，2022）。市场上，消费者对于高品质桃的偏好更强，需求更高。因此（图6-1），市场上的消费者对优质桃需求的增加，导致优质桃需求曲线由 D 移动到 D'，同时提质技术的采用使得优质桃的供应增加，供给曲线由 S 变化到 S'，均衡点由 E 移动到 E'，此时生产者剩余和消费者剩余均扩大，桃农的净收益得到提升。此外，桃产品质量得到提升，能促使形成品牌效应，进而获得品牌溢价，增加桃农收入。第二，尽管桃农栽培品种增加能够在一定程度上规避经营风险，但是品种数量过多也将对桃农收益产生抑制作用，栽培品种数量对桃农生产经营收益的抑制作用主要体现在以下三个方面。第一，增加桃农生产经营投入。由于不同品种之间的生产技术和管理方法存在一定差异，栽培品种数量的增加会使得桃农的边际成本提高，增加了重复投资。第二，抑制桃产品质量提升。相对于提升或维持单一品种的桃产品品质，同时提升或维持多个品种桃产品品质需要付出更多成本和精力；并且多个品种栽培严重制约了产业标准化建设，桃产品质量难以提升。而当前消费市场，普通品质桃产品基本处于饱和状态，消费者对于绿色优质桃产品具有强烈需求（姜长云，2022；陈超、徐磊，2020；国家桃产业技术体系，2016），需要提高品质适应消费结构的升级。第三，降低区域桃产业竞争力。区域内桃农栽培品种数量多，一方面使得桃生产技术推广应用难度大，标准化建设困难，桃品质难以稳定，销售渠道风险高，抑制了区域品牌化发展；另一方面难以形成合力，市场谈判能力下降，交易成本上升。上述三点表明桃农品种栽培数量增多，会增加生产经营投入和降低桃产品品质，并且区域产业竞争力的下降会作用到桃农自身，使得桃农经营收入下降。尤其是桃农栽种的品种如果不是区域内的主栽品种，不仅会面临上述问题带来的收入下降，还无法享受到区域内对于主栽品种公共投资的正外部性福利。因此，桃农品种数量的增加会导致收益降低。

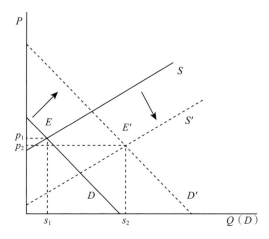

图6-1　提质技术投入下的社会福利

基于上述，提出如下研究假说：

假说6-1：地方市场分割对当地桃农桃种植净收入具有非线性影响。

假说6-2：桃农提质技术投入行为和品种选择行为是地方市场分割影响当地桃农种植净收入的传导机制，其中提质技术投入正向影响桃种植净收入，品种栽培数量负向影响桃种植净收入。

6.2　研究方法

6.2.1　模型设定

6.2.1.1　中介效应检验方法

为分析市场分割、桃农生产经营行为与桃农净收入的关系，本章构建多重中介效应模型进行实证检验。中介效应模型的检验方法如下：

$$Y = cX + e_1 \qquad\qquad (6-1)$$
$$Y = c'X + bM + e_3 \qquad\qquad (6-2)$$
$$M = aX + e_2 \qquad\qquad (6-3)$$

式（6-1）中，c 为解释变量 X 对被解释变量 Y 的总效应估计系数；e_1 为残差项。式（6-3）中，a 为解释变量 X 对中介变量 M 的估计系数；e_2 为残差项。式（6-2）中，c' 为控制了中介变量 M 后解释变量 X 对被解释变量 Y 的直接效应；b 为控制了解释变量 X 后，中介变量 M 对被解释变量 Y 的效应；e_3 为残差项。中介效应为估计系数 a、b 的乘积，中介效应、直接效应和总效应的关系如式（6-4）所示：

$$c = c' + ab \qquad\qquad (6-4)$$

常见的中介作用分析方法有两种，第一种是因果逐步回归检验法，第二种是乘积系数检验法（温忠麟等，2004；温忠麟、叶宝娟，2014）。第一种检验方法操作简单、容易理解，但是检验效能较低。第二种是乘积系数检验法，其原理是检验 ab 是否具有显著性，具体检验方法有两个，一个是 Sobel 检验，另一个是使用偏差校正的非参数百分位 Bootstrap 抽样法进行检验。Sobel 检验要求数据正态分布且需要大样本，并且要求 ab 也符合正态分布，这种要求导致 Sobel 检验功效较低。当前较为流行的检验方法为 Bootstrap 抽样法，其检验功效相对较高，并且对于中介作用抽样分布并不进行限制。因此，本文采用 Bootstrap 抽样法对桃农生产经营行为的中介效应进行检验。

中介作用的检验步骤如图 6-2 所示：

6.2.1.2　计量经济模型设定

为检验地方市场分割对当地桃农经营收益的直接影响，文章构建如下计量经济模型：

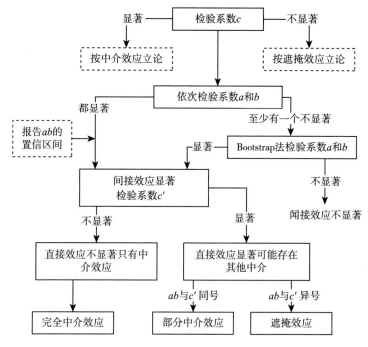

图 6-2　中介作用的检验步骤

$$EARN_i = \alpha_0 + \alpha_1 segm_i + \alpha_2 CV_i + \mu_i \qquad (6-5)$$

式（6-5）中，$EARN_i$ 为桃农 i 桃种植净收入；$segm_i$ 为地方市场分割程度；CV 为一系列控制变量；α_0、α_1、α_2 为待估参数；μ_i 为随机扰动项。

为检验地方市场分割通过桃农生产经营行为影响桃农净收入的传递机制，参考方杰等（2014）、温忠麟和叶宝娟（2014）的研究方法，建立如下多重效应模型：

$$EARN_i = a_0 + a_1 segm_i + a_2 CV_i + \varepsilon_{1i} \qquad (6-6)$$

$$TECH_i = b_0 + b_1 segm_i + b_2 CV_i + \varepsilon_{2i} \qquad (6-7)$$

$$VARN_i = c_0 + c_1 segm_i + c_2 CV_i + \varepsilon_{3i} \qquad (6-8)$$

$$EARN_i = d_0 + d_1 segm_i + d_2 CV_i + d_3 X + \varepsilon_{4i} \qquad (6-9)$$

式（6-6）～（6-9）中，a_1 为核心解释变量地方市场分割程度的估计系数，表示地方市场分割对当地桃农净收入的总效应；$TECH$、$VARN$ 分别为提质技术投入、品种栽培数量；b_1、c_1 分别为核心解释变量对提质技术投入、品种栽培数量的估计系数；$a_2 \sim d_2$ 为各方程中控制变量的估计系数；$\varepsilon_{1i} \sim \varepsilon_{4i}$ 为各方程中的随机扰动项；式（6-9）中的 X 为两个中介变量。

6.2.2 变量设定与分析

6.2.2.1 被解释变量

本章的被解释变量为桃农桃种植净收入，用亩均净收入来表示。

6.2.2.2 核心解释变量

核心解释变量同上述实证章节的核心解释变量一致为地方市场分割程度，采用两种方法测算地方市场分割程度并进行实证检验，以求获得在不同维度上的解释以及通过两种方法对结果进行互为验证。具体测算如下：

（1）相对价格法测算。本文借鉴桂琦寒等（2006）的研究方法，采用基于"冰山"成本模型的相对价格法对桃地方市场分割程度进行测算，采用省份间两两配对方式测算。

（2）问卷调查法测算。结合世界银行对于企业的调查问卷以及马述忠、房超（2020）的研究方法，采用调查问卷方法，设置5级量表进行测算。其中，自然性分割方面：本地交通运输在多大程度上影响了您的桃生产与经营？该问题为1~5级选项，1=交通运输条件很好、2=交通运输条件较好、3=交通运输条件一般、4=交通运输条件较差、5=交通运输条件很差，数值越大则自然性市场分割程度越大。人为性分割方面：本地的地方保护程度有多大？包括限制其他地区桃进入本地市场、限制外地人在本地种植桃、本地产业扶持政策（如补贴）等。该问题为1~5级选项，1=没有保护、2=保护程度较低、3=保护程度一般、4=保护程度较大、5=保护程度很大，数值越大则人为性分割程度越大。

6.2.2.3 中介变量和调节变量

本章中的中介变量分别是提质技术投入、品种栽培数量。调节变量为主栽品种比重，测量的是桃农栽培的品种中为本地主栽品种的面积占桃农栽培总面积的比重。

6.2.2.4 控制变量

对于控制变量的选择主要依据已有相关研究，同时结合桃产业现实情况。本章中的控制变量包括：个体特征，如年龄、性别、受教育程度、风险偏好、社会网络等（陈超等，2021；高延雷等，2021；高瑛等，2017）；生产经营特征，如经营规模、种植经验、经营主体类型、经营方式、"三品一标"、商标情况等（鲁钊阳，2019；郑适等，2018；薛彩霞、姚顺波，2016；孔祥智等，2004）；外部环境特征，如培训情况、地形、自然灾害情况、区域经济情况、是否为电商示范县、商品率等（鲁钊阳，2019；孔祥智等，2004）。变量选择和设定如表6-1所示。

表6-1 变量定义与描述统计

名称	变量定义	平均值	标准差
桃农桃种植净收入	亩均净收入（万元）	0.308 7	0.298 5
市场分割指数	通过相对价格法测算得到的值	0.173 8	0.055 4
自然性分割	交通运输在多大程度上影响了您的桃生产与经营？（赋值1～5）	1.624 3	0.976 9
人为性分割	本地的地方保护程度有多大？（赋值1～5）	1.611 3	1.058 5
提质技术总投入	提质技术投入金额的亩均值（万元）	0.243 2	0.226 6
品种栽培数量	栽培的品种数量（个）	3.161 8	2.714 1
年龄	桃经营决策者实际年龄（周岁）	55.420 2	9.592 3
性别	桃经营决策者的性别：男＝1，女＝0	0.782 8	0.412 5
受教育程度	小学及以下＝1，初中＝2，高中＝3，大专＝4，大学及以上＝5	2.008 7	0.849 5
种植经验	桃经营决策者实际种桃年限（年）	18.538 5	9.857 4
风险偏好	如果有一笔资金用于投资，您更愿意选择哪种方案？数字越大风险越低回报越少，越规避风险（赋值1～5）	4.114 0	1.295 1
社会网络	您参与村活动和选举的频率如何？数字越大频率越高（赋值1～5）	2.552 7	1.241 4
面积	经营总面积（亩），取对数	2.458 0	1.398 1
地理标志	是否为地理标志农产品：是＝1，否＝0	0.337 7	0.473 2
商标	是否注册了商标：是＝1，否＝0	0.084 7	0.278 6
经营方式	"生产＋经销"模式＝1，"纯生产"＝0	0.237 8	0.426
培训	3年内参加的生产经营培训次数（次）	1.230 2	1.973 5
GDP对数	桃农所在县的GDP，取对数	5.862 0	0.674 1

（续）

名称		变量定义	平均值	标准差
CPI		桃农所在县的 CPI	100.933 9	0.404 1
居民消费水平		桃农所在县的居民消费水平，取对数	10.061 8	0.093 1
电商示范县		被确定为国家级电子商务进农村示范县的年限（年）	4.031 5	3.111 0
自然灾害受灾率		近 5 年平均自然灾害损失率	0.219 3	0.221 9
商品率		销售总量与总产量的比值	0.620 0	0.219 4
地形		平原＝1，丘陵＝2，山地＝3	1.742 7	0.527 5
经营主体类型	专业大户	是否为专业大户：是＝1，否＝0	0.126 0	0.332 0
	合作社	是否为合作社：是＝1，否＝0	0.129 2	0.335 6
	企业	是否为企业：是＝1，否＝0	0.023 9	0.152 8
	家庭农场	是否为家庭农场：是＝1，否＝0	0.097 7	0.297 1
	普通户	是否为小户：是＝1，否＝0	0.623 2	0.484 8
主栽品种比重		桃农所栽品种为当地主栽品种的栽培面积占总栽培面积比重	0.821 0	0.195 3
新旧产区		是否为新兴产区：是＝1，否＝0	0.380 0	0.485 7

6.3 地方市场分割影响当地桃农桃种植净收入的实证分析

6.3.1 基准回归结果

为了检验地方市场分割对当地桃农经营收益的影响，本文根据式（6-5）的理论模型进行 OLS 稳健标准误回归分析，得到表 6-2 中的回归结果。

6.3.1.1 核心解释变量对桃农桃种植净收入的影响

方程 1 中，市场分割指数在 1% 的统计水平上显著，回归系数为 8.557 0，市场分割指数平方在 1% 的统计水平上显著，回归系数为 −38.879 9，说明市场分割对桃种植净收入具有倒 U 形影响，即随着地方市场分割程度的提高，当地桃农桃种植净收入呈现先增加后下降的变化。就本文具体讨论的市场分割类型来看（如方程 2），自然性分割在 1% 的统计水平上显著，回归系数为 −0.072 3，说明自然性分割对桃农桃种植净收入具有显著的负向影响；自然性分割增加 1 个单位，桃农经营收益下降 723 元。人为性分割在 5% 的统计水平上显著为正，回归系数为 0.127 4；人为性分割平方在 1% 的统计水平上显著，回归系数为−0.036 1。因此，人为性分割对当地桃农桃种植净收入具有倒 U 形影响，即人为性分割对当地桃农桃种植净收入的影响，随着人为性分割的提升呈现先增加后降低的趋势，转折点为 1.767 8，转折点位于人为性分割取值范围之内。当人为性分割位于转折点左侧时，人为性分割增加 1 个单位，当地桃农经营收益增加 1 274 元；当人为性分割越过转折点时，人为性分割增加 1 个单位，当地桃农经营收益下降 361 元。

　　总体看，地方市场分割对当地桃农桃种植净收入具有倒 U 形的非线性影响，但是自然性分割、人为性分割对桃农桃种植净收入的影响存在差异，自然性分割对当地桃农经营收益为显著负向影响，可能的原因在于自然性分割对当地桃农市场规模的影响程度较低，更集中表现为：提高桃农生产资料和桃果运输成本、加强桃农信息不对称程度，使得当地桃农生产经营成本以及经营风险增加，由自然性分割带来的市场规模增加和竞争降低不能抵消其导致的生产经营成本提高，进而使得整体收益降低。而人为性分割对市场的影响往往更直接、针对性更强，当人为性分割程度较低时，补贴和优惠、市场规模增加、市场竞争下降使得本地桃农经营收益的提高大于生产经营成本的增加，这也是市场之间相分割长期存在的重要原因之一。

6.3.1.2　控制变量对桃农桃种植净收入的影响

　　控制变量中，社会网络越广，桃农桃种植净收入越高；桃农所在地的居民消费水平越高，桃农桃种植净收入越高；设立电子商务进农村示范县会提高当地桃农桃种植净收入；桃农栽培面积对其经营收益则具有显著正向影响；相对于小户，合作社和企业的桃种植净收入更高；相对于规避风险的桃农，偏好风险的桃农桃种植净收入更高；经营方式、自然灾害受灾率和地形对桃农桃种植净收入具有显著负向影响。

表 6-2　桃农净收入的基准回归结果

变量名称	方程1	方程2
市场分割指数	8.557 0*** （5.967 1）	—
市场分割指数平方	−38.879 9*** （−6.081 4）	—

（续）

变量名称	方程 1	方程 2
自然性分割	—	−0.072 3*** （−6.731 9）
人为性分割	—	0.127 4** （2.547 7）
人为性分割平方	—	−0.036 1*** （−3.535 5）
年龄	−0.000 7 （−0.609 4）	−0.000 8 （−0.726 1）
性别	0.012 8 （0.532 3）	0.019 0 （0.826 4）
受教育程度	−0.005 5 （−0.493 9）	−0.002 6 （−0.241 1）
种植经验	0.001 3 （1.137 6）	0.002 6** （1.560 5）
风险偏好	−0.039 7*** （−2.696 9）	−0.029 4*** （−2.896 1）
社会网络	0.009 8* （1.900 7）	0.011 5* （1.678 9）
面积对数	0.015 8* （1.729 5）	0.043 7*** （4.609 1）
地理标志	0.028 2 （0.998 9）	−0.002 4 （−0.093 9）
商标	−0.045 8 （−1.175 2）	−0.025 8 （−0.700 2）
经营方式	−0.041 3* （−1.719 7）	−0.045 0* （−1.917 3）
培训	0.005 0 （1.122 6）	0.004 5 （1.024 6）
GDP 对数	0.035 3* （1.950 7）	0.011 9* （1.721 4）
CPI	0.030 1 （1.594 5）	0.047 1 （1.429 8）
居民消费水平对数	0.369 4** （2.155 4）	0.328 7** （2.404 4）
电商示范县	0.007 6** （2.040 3）	0.007 4** （2.218 1）
自然灾害受灾率	−0.185 7*** （−3.925 2）	−0.208 2*** （−4.731 1）
商品率	0.036 5 （0.852 6）	0.042 4 （1.085 3）
地形	−0.002 0** （−2.041 2）	−0.085 3** （−2.077 5）
专业大户	0.036 6 （1.074 5）	0.015 8 （0.534 6）
合作社	0.003 5* （1.798 4）	0.011 2* （1.850 2）
企业	0.177 6*** （2.616 3）	0.126 9** （2.423 7）
家庭农场	0.002 1 （0.501 5）	0.002 6 （0.562 1）
常数	−7.860 5*** （−6.087 1）	−7.726 6** （−2.327 2）
样本量	921	921
调整 R^2	0.181 7	0.256 7

注：* $P<0.1$，** $P<0.05$，*** $P<0.01$；括号里面为 t 值。

6.3.2　稳健性检验

本文分别采用考虑到相对价格法测算的地方市场分割程度与当地桃农桃种植净收入可能存在互为因果导致的内生性问题，以及样本异方差，采用 GMM 方法进行工具变量估计。本文借鉴连玉君等（2008）和徐保昌、谢建国（2016）对于工具变量的选择方法，采用地方市场分割程度滞后期作为工具变量来估计地方市场分割对当地桃农桃种植净收入的影响。同时考虑到极值的影响，本文还在 2.5% 和 97.5% 分位点处对数据进行了 winsor 缩尾处理，进行稳健性检验。结果如表 6 - 3 所示，方程 1 汇报的是采用市场分割指数的滞后一期作为工具变量的估计结果，Kleibergen - Paap rk LM 统计量的 P 值为 0，Kleibergen - Paap rk Wald F 统计值大于 10% 显著性下的临界值，拒绝了工具变量弱识别假定，说明了工具变量有效，市场分割指数在 1% 的统计水平上显著为正，市场分割指数平方在 1% 的统计水平上显著为负，说明市场分割指数对当地桃农桃种植净收入具有倒 U 形影响，与基准回归结果一致。

为防止异常值对结果产生影响，本文在 2.5% 和 97.5% 分位点对数据进行缩尾处理，使用 2.5% 和 97.5% 分位点的数据值进行替代，结果如表 6 - 3 的方程 2 和方程 3 所示。方程 2 中，市场分割指数在 1% 的统计水平上显著为正，市场分割指数平方在 1% 的统计水平上显著为负，说明市场分割指数对当地桃农桃种植净收入具有倒 U 形影响。方程 3 中，自然性分割在 1% 的统计水平上显著，回归系数为 -0.067 7，表明自然性分割对当地桃农经营收益具有显著的负向影响。人为性分割在 5% 的统计水平上显著为正，人为性分割平方在 1% 的统计水平上显著为负，说明人为性分割对当地桃农经营收益具有倒 U 形影响。综上，本文的回归结果较为稳健。

表 6 - 3　稳健性检验结果

变量名称	方程 1	方程 2	方程 3
	工具变量	缩尾处理	缩尾处理
市场分割指数	10.329 8***	9.340 2***	—
	(5.617 9)	(6.045 1)	

(续)

变量名称	方程 1 工具变量	方程 2 缩尾处理	方程 3 缩尾处理
市场分割指数平方	−55.908 7*** (−5.657 2)	−40.228 1*** (−6.087 0)	—
自然性分割	—	—	−0.067 7*** (−6.741 3)
人为性分割	—	—	0.099 2** (2.159 2)
人为性分割平方	—	—	−0.029 8*** (−3.259 0)
控制变量	已控制	已控制	已控制
常数	−6.294 7*** (−3.284 6)	−5.993 5* (−1.493 7)	−8.061 1*** (−5.139 2)
样本量	921	921	921
调整 R^2	0.133 6	0.181 7	0.250 2

注：* $P<0.1$，** $P<0.05$，*** $P<0.01$；括号里面为 t 值。

6.3.3 分位数回归及分析

为了深入分析地方市场分割在当地桃农经营收益不同水平上的效应情况，本文使用分位数回归方法进行进一步分析，分别在 1/10、5/10、9/10 分位处进行分位数回归，结果如表 6-4 所示。

随着分位数的增加（1/10→5/10→9/10），市场分割指数的分位数回归系数呈现逐步上升的变化趋势（7.621 4＜9.723 6＜10.915 9），该趋势表明了地方市场分割程度对当地桃农桃种植净收入的正向影响随着当地桃农净收入的增加影响程度也不断上升，说明地方市场分割的正效应对高净收入的当地桃农的正向作用更强；随着分位数的增加，市场分割指数平方的分位数回归系数的绝对值也呈现逐步上升的趋势（|−37.101 2|＜|44.959 8|＜|52.631 4|）。这个趋势表明市场分割指数平方对当地桃农净收入的负向影响随着当地桃农桃种植净收入的增加而逐渐增强，这意味着地方市场分割程度高整体上会使得当地桃农经营收入停留在低位水平。

随着分位数的增加（1/10→5/10→9/10），自然性分割的分位数回归系数的绝对值呈现逐步下降的趋势（|−0.133 3|>|−0.060 2|>|−0.030 3|）。这个趋势表明自然性分割对当地桃农经营收益的负向影响随着桃农经营收益的增加影响程度不断下降，在9/10分位的自然性分割回归系数未通过统计显著性检验，说明自然性分割对当地高收益桃农的经营收益影响不显著。

随着分位数的增加（1/10→5/10→9/10），人为性分割的分位数回归系数呈现逐步上升的趋势（0.093 2<0.128 5<0.221 1）。这个趋势表明人为性分割对当地桃农经营收益的正向影响随着桃农经营收益的增加影响程度也不断上升，说明人为性分割的正效应对高收益桃农的正向作用更强，而在1/10分位的人为性分割回归系数则未通过统计显著性检验，说明人为性分割的正效应对低收益桃农经营收益的影响不显著。尽管低程度的人为性分割会增加桃农的经营收益，但这种正效应具有选择性，会扩大桃农之间的收入差距。随着分位数的增加，人为性分割平方的分位数回归系数的绝对值也呈现逐步上升的趋势（|−0.034 8|<|−0.036 6|<|−0.048 8|）。这个趋势表明人为性分割平方对桃农经营收益的负向影响随着桃农经营收益的增加而增强，这意味着高程度的人为性分割整体上会使得桃农经营收入保持在低位水平。

综上所述，地方市场分割对低收益的当地桃农桃种植净收入具有更强的副作用，从而使得当地桃农群体间的收入差距扩大；当地方市场分割程度过高时，当地桃农群体之间的桃种植净收入水平偏低。

表 6-4　分位数回归结果

变量名称	1/10 分位		5/10 分位		9/10 分位	
	方程 1	方程 2	方程 3	方程 4	方程 5	方程 6
市场分割指数	7.621 4*** (3.510 3)	—	9.723 6*** (4.516 3)	—	10.915 9*** (2.803 2)	—
市场分割指数平方	−37.101 2*** (−3.379 8)	—	−44.959 8*** (−4.491 3)	—	−52.631 4*** (−2.885 1)	—
自然性分割	—	−0.133 3*** (−7.769 1)	—	−0.060 2*** (−5.600 4)	—	−0.030 3 (−1.569 8)

（续）

变量名称	1/10 分位		5/10 分位		9/10 分位	
	方程 1	方程 2	方程 3	方程 4	方程 5	方程 6
人为性分割	—	0.093 2	—	0.128 5***	—	0.221 1***
		(1.292 1)		(2.843 8)		(2.725 0)
人为性分割平方	—	−0.034 8**	—	−0.036 6***	—	−0.048 8***
		(−2.533 0)		(−4.249 2)		(−3.157 1)
控制变量	已控制	已控制	已控制	已控制	已控制	已控制
常数项	3.742 3	−10.809 3*	−5.547 9***	−8.056 9**	−2.715 6	−16.142 1**
	(1.025 8)	(−1.823 1)	(−3.465 6)	(−2.168 7)	(−0.930 9)	(−2.420 3)
样本数	921	921	921	921	921	921
调整 R^2	0.124 8	0.272 8	0.120 8	0.158 1	0.149 1	0.156 0

注：* $P<0.1$，** $P<0.05$，*** $P<0.01$；括号里面为 t 值。

6.3.4 异质性分析

本部分通过分组回归，分析在不同产区和不同经营规模下，地方市场分割对当地桃农净收入的异质性影响。两种不同分组下的 Chow 检验的 P 值均小于 0.05，因此适合采用分组回归方式进行异质性分析，结果如表 6-5 所示。方程 1 和方程 3 汇报了相对价格法测算的地方市场分割程度为核心变量的传统产区与新兴产区的回归结果。市场分割指数对传统产区和新兴产区的桃农净收入均具有显著的正向影响，均在 1% 的统计水平上显著，回归系数分别为 9.996 4 和 10.479 4，回归系数差异检验的 P 值为 0.673 8>0.05。市场分割指数平方对传统产区和新兴产区的桃农经营收益均具有显著的负向影响，均在 1% 的统计水平上显著，回归系数分别为 −43.419 5 和 −45.585 6，回归系数差异检验的 P 值为 0.656 9>0.05。这说明地方市场分割对当地桃农净收入的倒 U 形影响在不同类型产区间无显著差异。方程 2 和方程 4 分别汇报了问卷调查法测算的地方市场分割下的传统产区和新兴产区的回归结果。自然性分割对传统产区和新兴产区的桃农净收入均具有显著的负向影响，均在 1% 的统计水平上显著，回归系数分别为 −0.089 7 和 −0.042 7，回归系数差异检验的 P 值为 0.026<0.05。因此，自然性分割对传统产区桃农净收入的负向影响更大，

自然性分割提高 1 个单位，传统产区桃农净收入减少 897 元，而新兴产区桃农净收入只减少 427 元。人为性分割对传统产区和新兴产区桃农净收入均具有显著正向影响，回归系数差异检验的 P 值为 0.435 1＞0.05；人为性分割平方对传统产区和新兴产区桃农净收入均具有显著负向影响，回归系数差异检验的 P 值为 0.431 3＞0.05。这说明人为性分割对桃农净收入的倒 U 形影响在不同产区间无显著差异。综上，总体来看地方市场分割对当地桃农净收入的影响在不同类型产区之间无显著差异，但自然性分割对传统产区桃农净收入的负向影响更大。

方程 5 和方程 7 汇报了相对价格法测算的地方市场分割程度为核心变量的小规模桃农与大规模桃农[①]的回归结果。市场分割指数对桃农经营收益的正向影响，在小规模组未通过显著性检验，在大规模组中则具有正向影响，且在 1‰ 的统计水平上显著。市场分割指数平方对不同规模桃农净收入均具有显著负向影响，两组的回归系数差异检验 P 值为 0.529 6＞0.05。这说明市场分割指数平方对桃农净收入的负向影响在不同规模桃农间无显著差异。方程 6 和方程 8 分别是以问卷调查法测算的市场分割下为核心解释变量的小规模和大规模的分组回归结果，自然性分割对小规模和大规模桃农净收入均具有显著负向影响，均在 1‰ 的统计水平上显著，回归系数分别为 −0.102 6 和 −0.040 7，回归系数差异检验的 P 值为 0.001 9＜0.05。因此，自然性分割对小规模桃农净收入的负向影响更大。人为性分割对桃农净收入的正向影响，在小规模组未通过显著性检验，在大规模组中则具有正向影响，且在 1‰ 的统计水平上显著。方程 6 中，人为性分割平方在 5‰ 的统计水平上显著，回归系数为 −0.025 3；方程 8 中，人为性分割平方在 1‰ 的统计水平上显著，回归系数为 −0.041 8；回归系数差异检验 P 值为 0.446 8＞0.05。因此，人为性分割平方对桃农净收入的影响在不同规模桃农间无显著差异。综上，地方市场分割对当地桃农净收入的正效应对小规模桃农没有显著影响。这意味着，小规模桃农基本无法享受到地方市场分割带来的正效应；即地方市场分割对当地小农户而言并非"增收良方"。

---

　① 本文将桃农经营面积按 50‰ 分位分成 2 组，分别命名为小规模和大规模组。小规模组的面积均值为 4.59，大规模组的均值为 67.10。

表 6-5   不同产区与规模的分组回归

变量名称	传统产区		新兴产区		小规模		大规模	
	方程1	方程2	方程3	方程4	方程5	方程6	方程7	方程8
市场分割指数	9.996 4***	—	10.479 4***	—	7.610 6	—	12.750 8***	—
	(3.108 1)		(4.846 1)		(1.629 0)		(4.085 0)	
市场分割指数平方	−43.419 5***	—	−45.585 6***	—	−40.678 7***	—	−44.586 9***	—
	(−3.122 3)		(−4.870 6)		(−3.445 3)		(−4.097 0)	
自然性分割	—	−0.089 7***	—	−0.042 7***	—	−0.102 6***	—	−0.040 7***
		(−7.238 8)		(−2.779 3)		(−7.207 4)		(−3.152 6)
人为性分割	—	0.102 2*	—	0.179 8***	—	0.073 7	—	0.149 6***
		(1.804 0)		(3.108 3)		(1.120 8)		(2.948 9)
人为性分割平方	—	−0.031 5***	—	−0.047 7***	—	−0.025 3**	—	−0.041 8***
		(−2.863 2)		(−4.447 3)		(−2.029 0)		(−4.324 5)
控制变量	已控制	已控制	已控制	已控制	已控制	已控制	已控制	已控制
常数	−1.701 8	−6.243 6	−0.326 3	−10.216 6*	−6.339 3**	−6.884 6	−1.505 0	−10.749 2**
	(−0.630 1)	(−1.139 5)	(−0.137 6)	(−1.886 3)	(−2.034 0)	(−1.054 3)	(−0.779 2)	(−2.501 7)
样本量	571	571	350	350	450	450	471	471
调整 R^2	0.121 7	0.211 8	0.187 0	0.311 1	0.114 1	0.251 0	0.139 9	0.232 9

注：* $P<0.1$，** $P<0.05$，*** $P<0.01$；括号里面为 t 值。

6.3.5 中介机制检验

表 6-6 汇报了多重中介作用分析结果，表 6-7 则汇报了中介作用检验结果与效应量。方程1、方程2、方程3和方程4分别估计了两种测算维度下的地方市场分割对当地桃农提质技术投入、品种栽培数量的影响；方程5和方程6估计了地方市场分割程度以及中介变量对桃农净收入的影响。在方程5中，市场分割指数在1%的统计水平上显著，回归系数为8.234 5，说明市场分割指数影响桃农净收益的直接效应为8.234 5；市场分割指数平方在1%的统计水平上显著，回归系数为−36.459 4，说明市场分割指数平方影响桃农净收益的直接效应为36.459 4。在方程6中，自然性分割在1%的统计水平上显著，回归系数为−0.067 2，说明自然性分割影响桃农净收益的直接效应为0.067 2；人为性分割在1%的统计水平上显著，回归系数为0.111 3，说明人为性分割影响桃农净收益的直接效应为0.111 3；人为性分割平方在1%的统计水平上显著，回归系数

为−0.032 4，说明人为性分割平方影响桃农净收益的直接效应为 0.032 4。

从提质技术投入的中介传导机制看。市场分割指数对提质技术投入具有倒 U 形影响，提质技术投入对桃农净收入则具有显著正向影响（0.160 4），中介变量的间接效应通过显著性检验，说明桃农提质技术投入作为中介变量对桃农净收益的影响是显著的。对于造成地方市场分割不同原因的分割类型，自然性分割对提质技术投入的影响显著为负，而提质技术投入对桃农收益的影响显著为正，两者系数乘积为负，系数值为−0.003 4，并且在 5% 的统计水平上显著，与直接效应的系数符号相同，表明存在部分中介效应，效应占比为 4.6%，自然性分割通过减少提质技术投入对当地桃农净收益产生了显著负效应。人为性分割对当地桃农提质技术投入具有显著倒 U 形影响，提质技术投入对当地桃农收益具有显著正向影响。中介变量的间接效应通过显著性检验，说明桃农提质技术投入作为中介变量对当地桃农收益的影响是显著的。低程度的人为性分割促使当地桃农增加提质技术投入进而提高桃农经营收益；当人为性分割达到一定程度超过倒 U 形曲线的拐点时，将会抑制提质技术投入使得当地桃农经营收益降低。

从桃农品种栽培数量的中介传导机制看。市场分割指数对当地桃农品种栽培数量具有显著的正向影响，而方程 5 中品种栽培数量在 5% 的统计水平上显著，回归系数为−0.010 2，中介效应为负，市场分割指数通过增加桃农品种栽培数量对其净收入产生了负向影响，而市场分割指数的直接效应为正，因此，品种栽培数量对当地桃农净收入的影响存在"遮掩作用"，效用占比为 0.32%。对于不同的市场分割类型，自然性分割和人为性分割均促使当地桃农增加品种栽培数量，而方程 6 中品种栽培数量在 5% 的统计水平上显著，回归系数为−0.005 9。故自然性分割和品种栽培数量的回归系数乘积为负，即品种栽培数量对桃农收益的中介效应为负，该系数为−0.003 3，且在 10% 的统计水平上显著，自然性分割通过增加当地桃农品种栽培数量对其收益产生了抑制作用；而直接效应的系数显著为负，与间接效应的系数符号相同，表明品种栽培数量对桃农收益的影响存在部分中介，间接效应占比为 4.47%。人为性分割和品种栽培数量的回归系数乘积为负，即品种栽培数量对当地桃农净收入的中介效应为负，该系数为 0.001 5，且在 10% 的统计水平上显著，人为性分割通过增加当地桃农品种栽培数量对其净收入产生了抑制作用；而直接效应的系数显著为正，与间接效应的系数符号相异，表明品种栽培数量对当地桃农净收入的影响存在"遮掩作用"，效应占比为1.23%，使得总效应降低了0.0015。品种数量的增多，会增加生产经营投入和降低桃产品品质，使得产品在市场上的竞争力下降，当地桃农桃种植净收入减少。

综上所述，根据中介效应检验结果，提质技术投入和品种栽培数量对当地桃农净收入的中介效应显著存在，地方市场分割通过影响桃农提质技术投入和品种栽培数量进而对当地桃农桃栽培净收入产生影响。

表6-6 中介作用分析结果

变量名称	方程1 提质技术投入	方程2 提质技术投入	方程3 品种栽培数量	方程4 品种栽培数量	方程5 桃农净收入	方程6 桃农净收入
市场分割指数	3.827 1** (2.072 8)	—	4.407 7*** (2.608 0)	—	8.234 5*** (4.247 3)	—
市场分割指数平方	−18.269 7** (−2.352 5)	—	—	—	−36.459 4*** (−4.251 6)	—
自然性分割	—	−0.021 3*** (−2.657 6)	—	0.553 3*** (5.916 6)	—	−0.067 2*** (−7.100 7)
人为性分割	—	0.075 5** (2.242 2)	—	0.249 4*** (2.890 0)	—	0.111 3*** (2.806 8)
人为性分割平方	—	−0.014 9** (−2.299 3)	—	—	—	−0.032 4*** (−4.269 3)
提质技术投入	—	—	—	—	0.198 7*** (4.627 7)	0.160 4*** (4.001 7)
品种栽培数量	—	—	—	—	−0.010 2** (−2.563 0)	−0.005 9** (−2.392 3)
控制变量	已控制	已控制	已控制	已控制	已控制	已控制
常数项	−0.906 2** (−2.158 2)	0.211 3*** (6.387 6)	1.615 4 (1.247 3)	1.861 2*** (9.739 6)	−2.428 7*** (−4.321 1)	−6.052 0* (−1.861 5)
观测值	921	921	921	921	921	921
调整R^2	0.137 5	0.145 7	0.251 7	0.272 6	0.177 6	0.315 1

注：* $P<0.1$，** $P<0.05$，*** $P<0.01$；括号里面为t值。

表6-7　中介作用检验结果与效应量

路径	总效应	中介效应	直接效应	效应占比	检验结论
市场分割指数⇒提质技术投入⇒桃农净收入	8.822 4***	0.613 9**	8.234 5***	7.47%	部分中介
市场分割指数平方⇒提质技术投入⇒桃农净收入	−39.389 9***	−2.930 5**	−36.459 4***	7.44%	部分中介
自然性分割⇒提质技术投入⇒桃农收益	−0.073 9***	−0.003 4**	−0.067 2***	4.60%	部分中介
人为性分割⇒提质技术投入⇒桃农收益	0.122 0***	0.012 1*	0.111 3***	9.92%	部分中介
人为性分割平方⇒提质技术投入⇒桃农收益	−0.034 8***	−0.002 4**	−0.032 4***	6.90%	部分中介
市场分割指数⇒品种栽培数量⇒桃农收益	8.822 4***	−0.026 0*	8.234 5***	0.32%	遮掩作用
自然性分割⇒品种栽培数量⇒桃农收益	−0.073 9***	−0.003 3*	−0.067 2***	4.47%	部分中介
人为性分割⇒品种栽培数量⇒桃农收益	0.122 0***	−0.001 5*	0.111 3***	1.23%	遮掩作用

注：*$P<0.1$，**$P<0.05$，***$P<0.01$。

在中介作用基础上，本文进一步讨论桃农主栽品种比重在各中介变量与被解释变量桃农经营收益中的调节作用。桃农栽种的品种为区域内的主栽品种，一方面可以享受到区域内对于主栽品种公共投资的正外部性福利，缓解栽培数量过多带来的效率降低，提高提质技术投入的使用效率；另一方面，区域主栽品种的市场竞争能力相对较强，品牌效应更高，线上渠道被搜索率高、溢价能力强（陈超等，2021）。

表6-8和表6-9分别是调节中介效应回归结果和检验结果，检验结果表明，仅"地方市场分割→品种栽培数量→桃农净收入"这条路径存在调节中介作用。表6-8中方程2和方程4的品种栽培数量与主栽品种比重的交互项系数为正，均在1%的统计水平上显著，说明主栽品种比重缓解了品种栽培数量带来的负效应。再根据表6-9，条件间接效应随着调节变量取值的增加而增加，主栽品种比重越高，条件间接效应取值越高，桃农净收入越高。

表 6-8 调节中介效应回归结果

变量名称	方程 1	方程 2	方程 3	方程 4
市场分割指数	9.517 7** (5.233 5)	10.635 7*** (4.642 5)	—	—
市场分割指数平方	−41.514 9** (−5.203 0)	−46.791 4*** (−4.656)	—	—
自然性分割	—	—	−0.068 4*** (−7.259 0)	−0.069 5*** (−7.329 2)
人为性分割	—	—	0.120 5*** (3.043 8)	0.118 4*** (2.966 3)
人为性分割平方	—	—	−0.034 5*** (−4.582 5)	−0.033 8*** (−4.435 7)
提质技术投入	0.190 2*** (4.370 3)	—	0.159 1*** (3.924 9)	—
品种栽培数量	—	−0.011 0*** (−2.725 6)	—	−0.006 7* (−1.828 9)
主栽品种比重	0.101 0** (2.031 8)	0.127 1** (2.480 8)	0.044 5* (1.960 2)	0.072 7* (1.827 8)
提质技术投入× 主栽品种比重	−0.135 9 (−0.824 5)	—	−0.111 6 (−0.729 7)	—
品种栽培数量× 主栽品种比重	—	0.060 0*** (2.989 4)	—	0.056 3*** (3.031 6)
控制变量	已控制	已控制	已控制	已控制
常数项	−12.177 0** (−5.754 7)	−12.290 1** (−5.715 3)	−5.871 0* (−1.723 0)	−8.243 5** (−2.433 4)
观测值	921	921	921	921

注：* $P<0.1$，** $P<0.05$，*** $P<0.01$；括号里面为 t 值。

表 6-9 条件间接效应检验结果

	市场分割指数→品种栽培 数量→桃农净收入	自然性分割→品种栽培 数量→桃农净收入	人为性分割→品种栽培 数量→桃农净收入
低水平（−1SD）	0.075 0** (2.279 6)	0.010 1** (2.015 2)	0.010 5** (2.104 3)
平均值	0.102 6*** (3.044 5)	0.013 3** (2.084 1)	0.013 9** (2.183 2)
高水平（+1SD）	0.180 3*** (3.174 3)	0.016 6** (2.125 3)	0.017 3** (2.230 6)

注：* $P<0.1$，** $P<0.05$，*** $P<0.01$；括号里面为 z 值。

6.4　本章小结

本章着眼于地方市场分割对当地桃农桃种植净收入的作用机制这一研究主题，基于国家桃产业技术体系 2021 年的 921 份桃农微观调查数据进行实证研究，并通过构建多重中介效应模型、调节中介模型检验地方市场分割对当地桃农桃种植净收入作用路径及效应。研究的主要结论如下：

（1）总体看，地方市场分割对当地桃农桃种植净收入具有显著的倒 U 形影响，但不同类型分割的影响具有差异。具体表现为：自然性分割对当地桃农经营收益具有显著负向影响，自然性分割增加 1 个单位，桃农经营收益下降 715 元。人为性分割对桃农经营收益具有倒 U 形影响，当地桃农经营收益随着人为性分割的提升呈现先增加后降低的趋势，转折点为 1.767 8。

（2）分位数回归结果表明，地方市场分割对当地低收益桃农桃种植净收入具有更强的副作用，从而使得当地桃农群体间的收入差距扩大；当地方市场分割程度过高时，当地桃农群体之间的桃种植净收入水平都偏低。

（3）分组回归结果表明，地方市场分割对当地桃农净收入的正效应对小规模桃农没有显著影响。这意味着，小规模桃农基本无法享受到地方市场分割带来的正效应，即地方保护对小农户而言并非"增收良方"。

（4）中介效应检验结果表明，地方市场分割通过提质技术投入、品种栽培数量对当地桃农桃种植净收入产生影响，中介效应显著。具体表现为：市场分割指数、自然性分割、人为性分割均通过提质技术投入这条中介路径对桃农净收入产生影响；自然性分割通过品种栽培数量这条中介路径对桃农净收入产生影响；低程度的市场分割指数、人为性分割也会通过品种栽培数量这条中介路径对桃农净收入产生间接的抑制作用，遮掩了低程度地方市场分割程度对推动当地桃农净收入增加的正效应。

（5）调节中介检验结果表明，"地方市场分割→品种栽培数量→桃农净收入"这条路径存在调节中介作用，主栽品种比重缓解了品种栽培数量带来的负效应。条件间接效应随着调节变量取值的增加而增加，主栽品种比重越高，条件间接效应取值越高，桃农桃种植净收入就越高。

　　本章给我们的启示是，地方市场分割不仅使得外地桃农受损、消费者福利下降，还会使得当地小规模桃农受损，并且地方市场分割程度的提高会使得当地桃农的净收入下降。低程度的地方市场分割会使得当地部分桃农受益。因此，警惕造成地方市场分割的人为因素产生，同时加强基础设施建设，削弱自然因素的影响。

第7章

地方市场分割对当地桃农桃生产技术效率的影响

在上一章中，主要分析了地方市场分割对当地桃农种植净收入的影响，并得到了相对应的研究结论。从理论上来说，地方市场分割会使得产业结构呈现趋同，出现资源配置效率降低等诸多问题，并最终影响生产效率（徐保昌、谢建国，2016；刘培林，2005；郑毓盛、李崇高，2003；Young，2000）。那么，对于非统一的桃市场而言，地方市场分割会对当地桃农桃生产技术效率带来怎样的影响？本章将探讨地方市场分割对当地桃农桃生产效率的影响。我国作为世界最大的桃生产国，但国际竞争力较弱。提高桃产业资源配置合理性以及效率，将有助于我国桃产业高质量发展。本章将利用4省调研数据分析桃农生产技术效率以及影响因素。首先介绍研究方法和变量选择；接着计算并分析桃农生产技术效率；再实证分析地方市场分割对当地桃农生产技术效率的影响；最后是本章小结。

7.1 研究方法与变量选择

7.1.1 随机前沿分析模型

常用的技术效率测算方法主要有参数法以及非参数方法，其中参数法以随机前沿分析模型（SFA）为代表，非参数方法则是以数据包络分析方法（DEA）为主。考虑到参数分析方法具有经济理论基础，并且随机前沿分析模型假定了农户农业生产行为受到随机因素以及技术效率损失因素的共同作用（Battese 和 Coelli，1995），在无偏性和有效性上优于 DEA 模型。因此，本文采用随机前沿分析模型来分析桃农的桃生产技术效率。随机前沿分析模型需要设定具体的投入产出函数，常用设定为 Cobb - Douglas

生产函数以及超越对数生产函数（Translog）。考虑到本文侧重测算技术效率，C-D生产函数也更具有经济含义，因此，本文选择C-D生产函数作为随机前沿分析模型的表现形式。随机前沿分析模型的函数表达式如下：

$$\ln(y_i) = \alpha_0 + \sum_{k=1}^{k} \alpha_k \ln(X_{ki}) + \nu_i - \mu_i \qquad (7-1)$$

式（7-1）中，y_i 是桃农 i 的产出值；X_{ki} 表示桃农 i 的一组生产要素投入（共有投入品 k 个）；ν_i 是随机干扰项，服从正态分布；μ_i 是"无效率项"，反映桃农 i 离效率前沿的距离，服从截断正态分布，$\mu_i \sim N(m_i, \sigma_u^2)$，其中 m_i 为技术效率损失函数，其函数表达式为：

$$m_i = \beta_0 + \sum_{j=1}^{j} \beta_j Z_{ji} + w_i \qquad (7-2)$$

式（7-2）中，m_i 为桃农 i 的技术无效率值；Z_{ji} 表示影响桃农 i 的技术效率的 $j \times 1$ 维外生变量，若 $\beta_j > 0$，则该变量对技术效率具有负向影响，若 $\beta_j < 0$，则该变量对技术效率具有正向影响；w_i 为随机干扰项。

桃农 i 的桃生产技术效率值则为：

$$TE_i = \frac{y_i}{\exp(\alpha_0 + \sum_{k=1}^{k} \alpha_k \ln(X_{ki}) + \nu_i)} = \exp(-\mu_i) \qquad (7-3)$$

式（7-3）中，当 $\mu_i > 0$ 时，桃农 i 处于技术非效率状态。

考虑到先测算生产技术效率再分析影响因素的两步法的结果可能有偏（Battese 和 Coelli，1995），本文将使用一步法估计桃农的生产技术效率及其影响因素。

7.1.2　变量定义与描述分析

7.1.2.1　测算生产技术效率的主要变量

本文测算桃农生产技术效率选择的投入产出变量为：①产出变量。本文选择的产出变量为桃农 2021 年桃种植总产出值，原因在于，桃是主要的经济作物，桃农桃生产经营收入不仅受产量影响，更重要的是受其销售价格影响，价格则在一定程度上取决于桃果质量，尤其是在消费者对于高品质桃需求不断上升和桃产业高质量发展要求的背景下，选择总产值作为产出指标既能分析产量又可以分析质量提升带来的价格上涨和产值增加。

②投入变量。投入变量主要有土地投入、劳动力投入、资本投入。其中土地投入是指桃农桃栽培具体面积；劳动力投入包括自有劳动和雇工劳动，自有劳动用工作时长测算、雇工劳动则用雇工费用核算；资本投入指的是物质资本，包括流动资本投入（种苗、药、肥、灌溉等费用）以及固定资本投入（机械服务、租赁和固定资产折旧等费用）。

7.1.2.2　效率损失函数的主要变量

本文主要考察地方市场分割对当地桃农生产技术效率的影响，因此地方市场分割程度为效率损失函数中的核心变量。同上一实证章节一致，采用两种方法测算市场分割并进行实证检验，以求获得在不同维度上的解释以及通过两种方法对结果进行互为验证。具体测算如下：

（1）相对价格法测算。本文借鉴桂琦寒等（2006）的研究方法，采用基于"冰山"成本模型的相对价格法对地方市场分割程度进行测算，采用省份间两两配对方式测算。

（2）问卷调查法测算。结合世界银行对于企业的调查问卷以及马述忠、房超（2020）的研究方法，采用调查问卷方法，设置5级量表进行测算。其中，自然性分割方面：本地交通运输在多大程度上影响了您的桃生产与经营？该问题为1～5级选项，1＝交通运输条件很好、2＝交通运输条件较好、3＝交通运输条件一般、4＝交通运输条件较差、5＝交通运输条件很差，数值越大则自然性分割程度越大。人为性分割方面：本地的地方保护程度有多大？包括限制其他地区桃进入本地市场、限制外地人在本地种植桃、本地产业扶持政策（如补贴）等。该问题为1～5级选项，1＝没有保护、2＝保护程度较低、3＝保护程度一般、4＝保护程度较大、5＝保护程度很大，数值越大则人为性分割程度越大。

除此之外，结合已有研究和桃产业实践，本文还选取了桃农个体特征，包括桃农年龄、性别、受教育程度、风险偏好、社会网络等（陈超等，2021；高延雷等，2021；高瑛等，2017）；生产经营特征，如种植经验、经营主体类型、经营方式、地理标志、商标等（鲁钊阳，2019；郑适等，2018；薛彩霞、姚顺波，2016；孔祥智等，2004）；外部环境特征，如培训情况、自然灾害情况、区域经济情况（GDP、CPI、居民消费水平）、是否为电商示范县、商品率等（鲁钊阳，2019；孔祥智等，2004），来构建效率损失函数。具体的变量选择和设定如表7-1所示。

表 7 - 1 变量定义与描述性统计

名称	变量定义	平均值	标准差
桃总产值	2021 年桃种植的总产值（万元）	36.850 75	146.145 0
土地投入	桃农桃栽培总面积，取对数（亩）	2.458 0	1.398 1
家庭用工投入	家庭自有劳动力投入天数，折合为 1 人（日）	238.304 2	496.351 1
雇工投入	雇佣劳动力费用（万元）	3.857 4	26.028 9
种苗投入	桃苗投入费用（万元）	0.542 2	3.960 9
肥料投入	化肥、有机肥等肥料投入费用之和（万元）	2.067 7	11.280 4
农药投入	各类农药投入费用之和（万元）	1.514 2	6.387 8
其他流动资本投入	果袋、农膜、灌溉等费用之和（万元）	0.815 2	4.629 7
固定资本投入	机械服务、租赁和固定资产折旧等费用之和（万元）	0.199 8	0.455 7
市场分割指数	通过相对价格法测算得到的值	0.173 8	0.055 4
自然性分割	交通运输在多大程度上影响了您的桃生产与经营？（赋值 1～5）	1.624 3	0.976 9
人为性分割	本地的地方保护程度有多大？（赋值 1～5）	1.611 3	1.058 5
年龄	桃经营决策者实际年龄（周岁）	55.420 2	9.592 3
性别	桃经营决策者的性别：男＝1，女＝0	0.782 8	0.412 5
受教育程度	小学及以下＝1，初中＝2，高中＝3，大专＝4，大学及以上＝5	2.008 7	0.849 5
种植经验	桃经营决策者实际种桃年限（年）	18.538 5	9.857 4
风险偏好	如果有一笔资金用于投资，您更愿意选择哪种方案？数字越大风险越低回报越少，越规避风险（赋值 1～5）	4.114 0	1.295 1
社会网络	您参与村活动和选举的频率如何？数字越大频率越高（赋值 1～5）	2.552 7	1.241 4
地理标志	是否为地理标志农产品：是＝1，否＝0	0.337 7	0.473 2
商标	是否注册了商标：是＝1，否＝0	0.084 7	0.278 6
经营方式	"生产＋经销"模式＝1，"纯生产"＝0	0.237 8	0.426
培训	3 年内参加的生产经营培训次数（次）	1.230 2	1.973 5
GDP 对数	桃农所在县的 GDP，取对数	5.862 0	0.674 1
CPI	桃农所在县的 CPI	100.933 9	0.404 1
居民消费水平	桃农所在县的居民消费水平，取对数	10.061 8	0.093 1

（续）

名称		变量定义	平均值	标准差
电商示范县		被确定为国家级电子商务进农村示范县的年限（年）	4.031 5	3.111 0
自然灾害受灾率		自然灾害损失率	0.219 3	0.221 9
商品率		销售总量与总产量的比值	0.620 0	0.219 4
经营主体类型	专业大户	是否为专业大户：是＝1，否＝0	0.126 0	0.332 0
	合作社	是否为合作社：是＝1，否＝0	0.129 2	0.335 6
	企业	是否为企业：是＝1，否＝0	0.023 9	0.152 8
	家庭农场	是否为家庭农场：是＝1，否＝0	0.097 7	0.297 1
	普通户	是否为小户：是＝1，否＝0	0.623 2	0.484 8

7.2　实证结果与分析

7.2.1　随机前沿分析模型的估计结果与分析

本文使用 Stata15.0 软件，采用一步法估计桃农的生产技术效率及其影响因素。从模型的拟合情况看，样本数据的 σ^2 和 γ 的值均通过显著性检验，表明使用随机前沿模型分析桃农生产技术效率较为合适。表 7-2 给出了随机前沿分析模型的回归结果。

根据投入变量。方程1和方程2中，样本桃农的土地投入、雇工投入、种苗投入、农药投入以及固定资本投入对桃农桃产出值具有显著的正向影响，产出弹性（以方程1为例）分别是 0.946 3、0.007 6、0.029 1、0.005 1 和 0.052 2。相比于其他投入要素，土地投入对提高桃农桃产值具有显著促进作用，固定资产投入和种苗投入的产出弹性则分列2、3位。家庭用工投入和肥料投入产出弹性系数为负，分别为 -0.012 2 和 -0.017 2，但未通过显著性检验。根据回归结果，当前通过增加土地面积，实现规模经营能够有效提高桃生产技术效率；通过增加种苗投入，如采用新品种也能够提高桃生产技术效率；通过增加果园基础设施建设、提高机械使用度能够提高桃生产技术效率。同时，在样本桃农中，家庭用工投入、肥料投入对桃生产技术效率提升无显著影响，且产出弹性为负数，意味着要素投入可能超过最优量，应当减少家庭用工投入、肥料投入，节约生产成本，提高桃生产技术效率。

表 7 - 2　随机前沿分析模型的回归结果

变量名称	方程 1	方程 2
土地投入	0.946 3*** (22.271 9)	0.928 9*** (21.005 7)
家庭用工投入	−0.012 2 (−0.950 8)	−0.013 6 (−1.073 2)
雇工投入	0.007 6*** (2.513 1)	0.007 3*** (3.493 0)
种苗投入	0.029 1** (2.154 0)	0.042 4* (1.676 5)
肥料投入	−0.017 2 (−0.661 7)	−0.013 1 (−0.506 8)
农药投入	0.005 1** (2.171 4)	0.002 2** (2.075 8)
其他流动资本投入	0.020 1 (1.118 4)	0.009 3 (0.531 2)
固定资本投入	0.052 2*** (3.145 9)	0.045 8*** (2.812 7)
市场分割指数	−17.586 7** (−2.098 1)	—
市场分割指数平方	60.721 7** (2.239 0)	—
自然性分割	—	0.083 5*** (3.384 6)
人为性分割	—	−0.458 8* (−1.867 3)
人为性分割平方	—	0.087 2** (2.620 1)
年龄	−0.000 8 (−0.139 4)	0.000 5 (0.079 9)
受教育程度	0.106 4 (1.379 4)	0.089 7 (1.291 7)
种植经验	−0.002 9 (−0.499 0)	−0.002 5 (−0.415 8)
地理标志	−0.069 3 (−0.668 0)	−0.056 9 (−0.466 8)
商标	0.019 0 (0.134 4)	0.054 3 (0.361 6)
经营方式	0.004 5 (0.039 4)	0.011 8 (0.095 3)
培训	−0.003 6** (−2.163 7)	−0.000 5** (−2.018 6)
GDP 对数	−0.011 1 (−0.096 2)	−0.108 7 (−0.848 2)
居民消费水平对数	0.000 1 (1.073 9)	0.000 04 (1.355 6)
自然灾害受灾率	−0.207 2 (−0.869 4)	−0.274 9 (−1.057 8)
商品率	−1.275 9** (−2.168 1)	−1.301 1** (−2.163 1)
地形	0.143 7* (1.697 6)	0.535 2* (1.840 7)
专业大户	−0.433 4 (−1.175 6)	−0.386 7 (−1.171 2)
合作社	−0.218 4 (−0.977 8)	−0.248 4 (−1.043 4)
企业	−0.230 3** (−2.168 0)	−0.105 0** (−2.310 4)
家庭农场	−0.263 9 (−0.914 4)	−0.018 3 (−0.086 0)

注：* $P<0.1$，** $P<0.05$，*** $P<0.01$；括号里面为 z 值。

7.2.2　地方市场分割对当地桃农生产技术效率的影响分析

如表 7-2 所示，方程 1 中市场分割指数在 5% 的统计水平上显著，回归系数为负，说明市场分割指数与技术非效率间为负相关关系；市场分割指数平方在 5% 的统计水平上显著，回归系数为正，说明市场分割指数平方与技术非效率间为正相关关系，地方市场分割对当地桃农生产技术效率具有倒 U 形影响。再考察不同类型的分割情况，方程 2 中自然性分割在 1% 的统计水平上显著，回归系数为正，说明自然性分割与技术非效率间为正相关关系，说明自然性分割对当地桃农生产技术效率具有显著正向影响。人为性分割在 10% 的统计水平上显著，回归系数为负，说明人为性分割一次项与技术非效率间为负相关关系；人为性分割平方在 5% 的统计水平上显著，回归系数为正，说明人为性分割平方与技术非效率间为正相关关系，人为性分割对当地桃农生产技术效率具有倒 U 形影响。

为什么总体上来看地方市场分割会对当地桃农生产技术效率具有倒 U 形影响？可能的经济学逻辑在于，地方市场分割程度较低会促进当地桃农扩大生产规模、采用新技术，同时地方市场分割在一定程度上降低了当地桃农所面临的市场竞争，因此促使了本地桃农生产技术效率的提升。然而，当地方市场分割程度过大时，越过转折点，地方市场分割程度的提高可能会使得当地桃农安于现状，缺乏提升生产效率的动力与行为；并且，地方市场分割程度会抑制资源配置效率、提高交易成本等，随着地方市场分割程度的提高，这种抑制作用会增强，使得桃农生产技术效率下降。而自然性分割呈现显著负向影响的可能原因是，自然性分割主要是增加了桃生产成本，包括桃销售成本、生产资料成本，并且交通等地理环境使得信息不对称程度提高，桃农生产风险增加，因此自然性分割对桃农生产效率具有显著负向影响。

在效率损失模型当中，除核心变量市场分割外，培训的回归系数为负，并在 5% 的统计水平上显著，说明参加培训能够提升桃农生产技术效率。商品率的回归系数也为负，且在 5% 的统计水平上显著，表明提高商品率能够提升桃农生产技术效率。经营主体为企业的回归系数为负，并在 5% 的统计水平上显著，说明相较于小户企业，其桃生产技术效率更高。此外，地形在 10% 的统计水平上显著，回归系数为正，说明相较于平原，丘陵山地的桃农生产技术效率较低。

7.2.3 进一步分析

在之前的章节中能够得到，桃农品种栽培数量会通过技术使用以及生产投入影响生产效率，而地方市场分割会提高市场风险，从而促使当地桃农增加品种数量来规避风险。本文将品种栽培数量分别以引入产出函数和效率损失函数进行回归，以分析品种栽培数量对桃农生产效率的影响。方程1和方程3将品种栽培数量引入产出函数中，得到品种栽培数量的回归系数为负，均在10%的统计水平上显著，说明品种栽培数量对桃农生产效率具有显著的负向影响。方程2和方程4则是将品种栽培数量引入效率损失函数中，回归结果表明品种栽培数量的系数为正，均在10%的统计水平上显著，表明了品种栽培数量与技术非效率间为负相关关系，品种栽培数量对桃农生产技术效率具有显著的负向影响，增加品种栽培数量会使桃农生产技术效率下降。同时，4个方程中代表地方市场分割程度的市场分割指数、自然性分割和人为性分割的结果基本上与基准回归结果一致，说明结果具有一定的稳健性。表7-3为引入品种栽培数量的回归结果。

表7-3 引入品种栽培数量的回归结果

变量名称	方程1	方程2	方程3	方程4
土地投入	0.955 7*** (22.769 5)	0.969 8*** (23.858 2)	0.933 9*** (20.728 4)	0.943 4*** (22.251 8)
家庭用工投入	−0.010 5 (−0.832 8)	−0.012 6 (−1.042 1)	−0.011 0 (−0.863 0)	−0.012 9 (−1.044 7)
雇工投入	0.005 6** (2.373 9)	0.004 9** (2.345 7)	0.005 7** (2.384 2)	0.005 5** (2.380 3)
种苗投入	0.022 3*** (2.874 9)	0.016 8*** (2.670 0)	0.034 8* (1.843 1)	0.031 7* (1.840 1)
肥料投入	−0.010 9 (−0.425 5)	−0.009 1 (−0.361 1)	−0.008 4 (−0.323 1)	−0.008 1 (−0.316 1)
农药投入	0.003 4** (2.119 4)	0.002 1** (2.078 3)	0.003 0** (2.102 1)	0.006 1** (2.217 5)

（续）

变量名称	方程 1	方程 2	方程 3	方程 4
其他流动资本投入	0.015 9 (0.868 3)	0.011 6 (0.656 7)	0.004 3 (0.238 7)	0.003 4 (0.191 7)
固定资本投入	0.051 3*** (3.128 4)	0.050 8*** (3.167 6)	0.046 6*** (2.860 0)	0.046 3*** (2.869 6)
品种栽培数量	−0.051 5* (−1.868 1)	—	−0.050 0* (−1.780 2)	—
品种栽培数量	—	0.075 1* (1.780 9)	—	0.054 5* (1.874 6)
市场分割指数	12.521 6* (1.845 5)	10.748 7* (1.715 5)	—	—
市场分割指数平方	−46.422 5** (−2.030 2)	−47.084 5** (−2.109 1)	—	—
自然性分割	—	—	0.075 2*** (3.386 2)	0.099 0*** (3.501 4)
人为性分割	—	—	−0.380 8* (−1.764 1)	−0.482 1* (−1.884 8)
人为性分割平方	—	—	0.072 9** (2.505 2)	0.092 3* (1.653 0)
控制变量	已控制	已控制	已控制	已控制

注：* $P<0.1$，** $P<0.05$，*** $P<0.01$；括号里面为 z 值。

7.3　本章小结

本章基于安徽、江苏、山东和湖北 4 省桃农的微观调查数据，使用随机前沿分析模型，测算了样本桃农生产技术效率，检验了地方市场分割对桃农生产技术效率的影响，得到如下的研究结论：

（1）样本桃农的土地投入、雇工投入、种苗投入、农药投入以及固定资本投入对桃农桃产出值具有显著正向影响。从投入对技术效率的贡献值看，土地投入对桃农生产技术效率的贡献作用最大，其次是固定资产投入和种苗投入。当前通过增加土地面积，实现规模经营能够有效提高桃生产技术效率；通过增加种苗投入、增加果园基础设施建设、提高机械使用度能够提高桃生产技术效率。而家庭用工投入和肥料投入的产出弹性系数为负，要素投入可能超过最优量，应当减少家庭用工投入、肥料投入，节约生产成本，提高桃生产技术效率。

（2）总体上，地方市场分割对当地桃农生产技术效率具有倒 U 形影响。对于具体的类型则表现为，自然性分割对当地桃农生产技术效率具有负向影响，人为性分割对当地桃农生产技术效率具有倒 U 形影响。其他变量，增加培训、提高商品率能够提高桃农生产技术效率；企业相较于小户桃农生产技术效率更高；而相较于平原，丘陵山地的桃农生产技术效率较低。

（3）通过将品种栽培数量以不同方式引入随机前沿分析模型中，均能够得到品种栽培数量对桃农生产技术效率具有显著负向影响。因此，当前桃产业中桃农品种栽培数量过多的问题应当予以重视，引导桃农合理选择品种。

第8章

桃农应对行为的增收效应：
基于产业组织模式的分析

通过前文的理论与实证研究可知，地方市场分割导致价格信号失真，使得当地桃农生产经营行为偏离最优决策，恶化了资源的配置效率，提高了当地桃农生产经营的不确定性，使得当地桃农生产经营风险增加，最终还会阻碍产业升级和规模经济实现。理论上桃农与合作社的横向合作模式能够获得一定的规模经济、降低生产成本、提高议价能力、降低经营风险，进而提高桃农经营收益。或者桃农与下游组织的纵向协作模式能够提高产品质量和价格，并形成相对稳定的销售渠道，提高桃农种植净收入。那么，桃农通过横向协作或者纵向协作是否能够提高其桃种植净收入？第七章的研究结论还表明，小规模桃农基本无法享受到市场分割带来的正效应，地方市场分割对当地低收益桃农桃种植净收入具有更强的副作用。那么，对于不同类型、不同产区的桃农，产业组织模式对其桃种植净收入的影响是否存在差异？本章将实证分析在地方市场分割背景下，产业组织模式对当地桃农桃种植净收入的影响，并探讨不同产区类型和不同类型桃农间的异质性。

本章首先基于文献和理论剖析产业组织模式与桃农净收入之间的关系，并提出研究假说。再利用安徽、湖北、江苏和山东4省的微观调查数据，采用倾向得分匹配法实证分析产业组织模式对桃农桃种植净收入的影响。

8.1 理论分析与研究假说

关于农户生产经营收入与产业组织模式的关系，学者们进行了诸多探讨。研究表明，农户参与合作社能够提高农户生产经营收入（李霖、郭红东，2017；郭锦墉、徐磊，2016；Tolno 等，2105；Fischer 和 Qaim，2012）。农户参与横向协作模式（合作社）能够获得合作社提供的生产服务、技术指导，通过联合小农户对接大市场，提高小农户市场议价能力，降低市场风险，获得规模经济效应（江光辉、胡浩，2019；Song 等，2014；陈富桥等，2013）。当前，桃产业是"大市场，小业户"的格局，产业"两头散，中间乱"问题突出，桃农市场议价能力低，桃果鲜食易腐性强，桃农在市场处于弱势地位，通过参与合作社的横向协作模式一方面能够获得合作社提供的生产资料购买服务、培训、信贷等以降低生产成本和交易成本；另一方面合作社能够联合社员，提高议价能力，降低桃农面临的市场风险，从而提高桃农桃种植净收入。基于上述，提出本文的研究假说 8-1。

研究假说 8-1：相较于完全市场模式，桃农参与横向协作模式能够增加其桃种植净收入。

对于纵向协作模式，企业通过与桃农合作，能够破解"小生产"与"大市场"矛盾、保障农产品质量安全和推动农业技术进步（万俊毅等，2009）。纵向协作模式通过契约在桃农和企业之间搭建相对稳定的交易关系，降低桃农市场风险，以及消除每次的信息搜寻成本；在相对稳定的交易关系下，其谈判成本和交易过程中的监督成本也变得更少（陈超、徐磊，2020；郭锦墉等，2017）；并且，企业在获取需求信息后倒逼种植端生产符合消费需求的桃产品，并建立一套生产标准和产品质量标准体系进行全程监控，依托其在下游环节的优势，在终端市场与消费者形成信任机制，促使产品优质优价，打破因农产品标准化、信息不对称等导致的"柠檬市场"，提高桃农种植净收益（马兴栋等，2019；Henson 等，1990）。基于上述，提出本文的研究假说 8-2。

研究假说 8-2：相对于完全市场模式，桃农参加纵向协作模式能够增加其桃种植净收入。

8.2 模型构建与变量选择

8.2.1 模型构建

本章主要研究桃农参与不同产业组织模式对其桃种植净收入的影响，

在研究中需要考虑到如下问题。第一，桃农参与产业组织模式存在"自我选择"的非随机问题，会导致样本选择带来的内生性问题（Heckman，1979）。第二，本文的数据为截面数据，能够观测到桃农参与不同产业组织模式的净收入现状以及未参与产业组织模式桃农的净收入现状，但是无法观测到前者参与前和后者参与之后的情况，由此导致总体样本的非随机，带来模型内生性问题。基于此，本文采用"反事实框架"的倾向得分匹配法来估计桃农参与不同产业组织模式对其桃种植净收入的影响。倾向得分匹配法的思想是：实验组（横向协作模式、纵向协作模式）的桃农和对照组（完全市场模式）的桃农通过一定方式匹配后，在其他条件一致的情况下，通过实验组和对照组桃农在桃种植净收入上的差异判断桃农参与产业组织模式对其桃种植净收入的影响。倾向得分匹配法分为两个阶段，首次构建桃农参与产业组织模式的决策模型和依此估计桃农参与产业组织模式的可能性，即"倾向得分"。

本文的倾向得分通过 Logit 模型进行估计，倾向得分（以实验组选择横向协作模式为例）可以表示为：

$$PS_i = prob(IOM_i = 1 \mid Z_i) = E(IOM_i = 0 \mid Z_i) = \frac{e^{\alpha Z_i}}{1 + e^{\alpha Z_i}}$$

$$(8-1)$$

式（8-1）中，$IOM_i = 1$ 表示桃农 i 参与横向协作模式；$IOM_i = 0$ 代表对照组，该组桃农为完全市场模式；$e^{\alpha Z_i}/(1 + e^{\alpha Z_i})$ 为累积分布函数。

再基于倾向得分计算出匹配后的平均处理效应，平均处理效应（以实验组选择横向协作模式为例）可以表示为：

$$ATT = E(Y_1 - Y_o \mid IOM_i = 1)$$
$$= E[E(Y_1 \mid IOM_i = 1, PS_i) - E(Y_0 \mid IOM_i = 0, PS_i \mid IOM_i = 1)]$$

$$(8-2)$$

式（8-2）中，Y_1 表示参与横向协作模式的桃农桃种植净收入；Y_0 表示完全市场模式的桃农桃种植净收入的反事实估计。

8.2.2　变量选择

8.2.2.1　被解释变量

本章的被解释变量为桃农的桃种植净收入，用亩均净收入来表示。

8.2.2.2 解释变量

本章的产业组织模式包括 3 个：分别是横向协作模式、纵向协作模式以及完全市场模式，分别构建了 3 个虚拟变量。横向协作模式指的是桃农参与桃专业合作社，成为合作社成员，享受合作社相关权益，既包括不通过合作社销售的部分横向协作模式，也包括通过合作社进行统一销售的完全横向协作模式。纵向协作模式指的是桃农和下游企业签订销售合同，按照契约规定销售桃产品。

8.2.2.3 其他变量

一是市场分割变量，二是个体特征、经营特征、环境特征等控制变量。这些变量的定义与测度方式与前文一致，具体的定义和描述见表 8-1。

表 8-1 变量定义与描述统计

变量名称		变量定义	平均值	标准差
桃农桃种植净收入		亩均净收入（万元）	0.308 7	0.298 5
产业组织模式	完全市场模式	完全市场交易模式=1，反之=0	0.547 2	0.498 0
	横向协作模式	参与横向协作模式=1，反之=0	0.245 4	0.430 5
	纵向协作模式	参与纵向协作模式=1，反之=0	0.209 6	0.407 2
市场分割指数		通过相对价格法测算得到的值	0.173 8	0.055 4
自然性分割		交通运输在多大程度上影响了您的桃生产与经营？（赋值 1~5）	1.624 3	0.976 9
人为性分割		本地的地方保护程度有多大？（赋值 1~5）	1.611 3	1.058 5
年龄		桃经营决策者实际年龄（周岁）	55.420 2	9.592 3
性别		桃经营决策者的性别：男=1，女=0	0.782 8	0.412 5
受教育程度		小学及以下=1，初中=2，高中=3，大专=4，大学及以上=5	2.008 7	0.849 5
种植经验		桃经营决策者实际种桃年限（年）	18.538 5	9.857 4
风险偏好		如果有一笔资金用于投资，您更愿意选择哪种方案？数字越大风险越低回报越少，越规避风险（赋值 1~5）	4.114 0	1.295 1
社会网络		您参与村活动和选举的频率如何？数字越大频率越高（赋值 1~5）	2.552 7	1.241 4
面积		经营总面积（亩），取对数	2.458 0	1.398 1

（续）

变量名称	变量定义	平均值	标准差
地理标志	是否为地理标志农产品：是＝1，否＝0	0.337 7	0.473 2
商标	是否注册了商标：是＝1，否＝0	0.084 7	0.278 6
经营方式	"生产＋经销"模式＝1，"纯生产"＝0	0.237 8	0.426
培训	3年内参加的生产经营培训次数（次）	1.230 2	1.973 5
GDP对数	桃农所在县的GDP，取对数	5.862 0	0.674 1
居民消费水平	桃农所在县的居民消费水平，取对数	10.061 8	0.093 1
自然灾害受灾率	近5年平均自然灾害损失率	0.219 3	0.221 9
商品率	销售总量与总产量的比值	0.620 0	0.219 4
地形	平原＝1，丘陵＝2，山地＝3	1.742 7	0.527 5

8.2.3　数据来源与样本特征

本研究数据来源于国家桃产业技术体系于 2021 年 10 月至 12 月在江苏、湖北、安徽和山东 4 省展开的"桃生产经营情况"的专题调查，专题调查问卷均由国家桃产业技术体系产业经济研究室设计，经过体系各岗站专家讨论，并在各省份历经调查反馈后进行修改与完善，此次调查共收集有效样本 921 份。表 8-2 汇报了不同产业组织模式下的桃农差异，从不同产业组织模式的样本特征来看，横向协作模式下的桃农种植净收入最高，均值为 0.429 3 万元；同时横向组织模式下的地方市场分割程度也相对较高；从培训看，参与了产业组织模式的桃农培训次数更多。

表 8-2　不同产业组织模式下的桃农差异

变量名称	完全市场模式		横向协作模式		纵向协作模式	
	平均值	标准差	平均值	标准差	平均值	标准差
桃农桃种植净收入（万元）	0.226 2	0.256 3	0.429 3	0.304 9	0.390 7	0.331 3
市场分割指数	0.162 8	0.064 1	0.179 8	0.046 5	0.162 1	0.055 2
自然性分割	1.558 7	1.025 8	1.692 9	0.925 1	1.575 1	0.899 0
人为性分割	1.523 0	1.098 0	1.710 6	1.036 5	1.580 3	0.976 3
年龄（周岁）	56.875 0	9.520 8	53.137 2	9.065 4	54.212 4	9.729 8
性别	0.706 3	0.455 9	0.915 9	0.278 1	0.829 0	0.377 5

(续)

变量名称	完全市场模式		横向协作模式		纵向协作模式	
	平均值	标准差	平均值	标准差	平均值	标准差
受教育程度	1.847 2	0.766 1	2.265 5	0.909 4	2.129 5	0.889 1
种植经验（年）	20.379 0	9.484 4	15.769 9	9.433 3	16.823 8	10.348 1
风险偏好	4.450 4	1.017 5	3.385 0	1.528 3	4.082 9	1.300 4
社会网络	2.577 4	1.213 7	2.535 4	1.296 5	2.533 7	1.270 7
面积（亩）	1.864 3	0.890 4	3.450 6	1.509 1	2.863 9	1.553 4
地理标志	0.325 4	0.469 0	0.300 2	0.459 7	0.414 5	0.493 9
商标	0.004 0	0.062 9	0.212 4	0.409 9	0.150 3	0.358 3
经营方式	0.007 9	0.088 8	0.309 7	0.463 4	0.756 5	0.430 3
培训（次）	0.756 0	1.198 9	1.876 1	2.201 5	1.730 6	2.830 3
GDP 对数	5.881 8	0.608 1	5.704 1	0.706 5	5.999 6	0.761 7
居民消费水平	10.051 7	0.052 7	10.061 0	0.118 0	10.090 3	0.131 5
自然灾害受灾率	0.233 2	0.230 1	0.172 3	0.194 9	0.240 4	0.225 8
商品率	0.637 7	0.210 4	0.630 4	0.228 9	0.557 3	0.223 5
地形	1.811 5	0.522 1	1.650 4	0.522 3	1.668 4	0.524 3

8.3 实证结果与分析

8.3.1 产业组织模式对桃农净收入的影响效应分析

为分析两种产业组织模式对桃农净收入的影响，本文分别使用 2 个实验组（横向协作模式、纵向协作模式）的桃农和对照组（完全市场模式）的桃农进行倾向得分匹配。模型的第一步是 Logit 模型的回归结果，估计了桃农产业组织模式选择决策，结果如表 8-3 所示。本文侧重分析产业组织模式对桃农净收入的影响效应，因此主要讨论模型第二步的回归结果（表 8-4）。

如表 8-4 所示，参与横向协作模式的桃农和纵向协作模式的桃农，其桃种植净收入均显著高于完全市场模式的桃农。在加入地方市场分割指数为协变量的回归组中，与完全市场模式相比，横向协作模式使得桃农的亩均桃种植净收入增加 1 924 元（在 1%的统计水平上显著），净收入提高

表 8-3　桃农组织模式选择的回归结果

变量名称	横向协作模式		纵向协作模式	
	方程 1	方程 2	方程 3	方程 4
市场分割指数	5.279 1** (2.010 5)	—	8.968 3*** (3.246 8)	—
自然性分割	—	0.107 6 (0.107 6)	—	0.264 0 (1.273 2)
人为性分割	—	0.114 9** (2.114 9)	—	0.041 7** (2.232 6)
年龄	0.001 6 (0.110 7)	0.003 (0.003)	0.010 5 (0.481 3)	0.016 1 (0.736 2)
性别	1.143 1 (0.095 3)	1.085 9 (1.085 9)	0.061 5 (0.132 4)	−0.023 4 (−0.051)
受教育程度	0.149 6 (0.998 5)	0.150 7 (0.150 7)	−0.124 0 (−0.518 3)	−0.147 7 (−0.614 4)
种植经验	−0.002 1 (−0.142 7)	−0.003 4 (−0.003 4)	−0.029 2 (−1.329 1)	−0.021 9 (−1.023 2)
风险偏好	−0.175 1 (−1.339 7)	−0.164 3 (−0.164 3)	−0.131 4 (−0.627 9)	−0.161 9 (−0.792)
社会网络	−0.178 1* (−1.757 3)	−0.162 9 (−0.162 9)	−0.381 8** (−2.131 0)	−0.259 8 (−1.594 1)
面积	1.136 7*** (7.818 5)	1.146 9*** (7.146 9)	−1.126 1*** (−5.481 5)	−1.151 1*** (−5.644 7)
地理标志	−0.195 8 (−0.590 3)	−0.123 5 (−0.123 5)	−0.635 8 (−1.225 2)	−0.240 8 (−0.481 5)
商标	2.627 8*** (2.909 1)	2.570 3** (2.570 3)	2.551 3** (2.362 2)	2.425 5** (2.320 8)
经营方式	2.903 6*** (4.893 6)	2.921 1*** (2.921 1)	7.034 9*** (10.609 2)	7.125 6*** (10.502 5)
培训	0.229 7*** (2.847 4)	0.259 4** (2.259 4)	0.239 4** (2.153 3)	0.285 5** (2.528)
GDP 对数	−0.197 9 (−0.729 4)	−0.242 4 (−0.242 4)	1.019 6** (2.315 1)	1.036 8** (2.301 1)

（续）

变量名称	横向协作模式		纵向协作模式	
	方程 1	方程 2	方程 3	方程 4
居民消费水平	4.731 4**	5.048 3***	−0.857 2	−0.329 7
	(2.302 7)	(5.048 3)	(−0.318 7)	(−0.119 9)
自然灾害受灾率	−1.246 1*	−1.038 4	0.250 2	0.618
	(−1.914 3)	(−1.038 4)	(0.268 9)	(0.677 8)
商品率	0.464 4	0.417 3	0.819 7	0.780 5
	(0.812 3)	(0.417 3)	(0.812 5)	(0.802 2)
地形	−0.723 3**	−0.808 4	−0.848 2*	−0.965**
	(−2.323 3)	(−0.808 4)	(−1.918 8)	(−2.114)
常数项	−48.677 6**	−52.651 4***	1.148 3	−6.779 4
	(−2.460 2)	(−52.651 4)	(0.044 1)	(−0.256 4)
调整 R^2	0.468 2	0.464 9	0.720 1	0.715 8

注：$*P<0.1$，$**P<0.05$，$***P<0.01$；括号里面为 z 值。

幅度为 80.60%[①]。相较于匹配前，平均处理效应的系数和显著性下降了，但在剥离可观测因素影响后，参与横向协作模式的桃农净收入增加仍较为显著。桃农通过加入合作社，一方面能够提供生产资料购买服务、培训、信贷等以降低生产成本和交易成本；另一方面合作社能够联合社员，提高议价能力，降低桃农面临的市场风险，从而提高桃农桃种植净收入。与完全市场模式相比，纵向协作模式使得桃农的亩均桃种植净收入增加 3 213 元（在 5% 的统计水平上显著）。桃农通过纵向协作模式，一方面能够获得稳定的销售渠道和价格；另一方面纵向协作模式中企业通过技术与投入品帮助桃农提高桃质量，进而获得质量溢价。因此，桃农通过参与纵向协作模式降低交易不确定性与风险，获得稳定价格与渠道，进而提高其桃种植净收入。产业组织模式对桃农种植净收入的影响，在加入自然性分割和人为性分割为协变量的回归组中依然成立。

为保证上述桃产业组织模式对桃农净收入影响效应的准确性，本文分

---

① 提高幅度＝(0.192 4/0.238 7)×100%≈80.60%

别采用核匹配法以及半径（卡尺）匹配法进行倾向得分匹配，估计结果如表8-5所示。结果表明，相较于完全市场模式，桃农参与横向协作模式或纵向协作模式均能获得收入提高。各模型中平均处理效应和显著性程度同基准回归模型基本一致，说明研究结果具有一定的稳健性。

表8-4 产业组织模式对桃农净收入的影响效应

加入市场分割指数为协变量

变量		横向协作模式	完全市场模式	平均处理效应	*t*值
桃种植净收入	匹配前	0.423 7	0.226 2	0.197 5***	9.087 7
桃种植净收入	匹配后	0.431 1	0.238 7	0.192 4***	3.233 7
变量		纵向协作模式	完全市场模式	平均处理效应	*t*值
桃种植净收入	匹配前	0.383 8	0.226 2	0.157 6***	6.691 8
桃种植净收入	匹配后	0.386 4	0.065 0	0.321 3**	2.857 1

加入自然性分割和人为性分割为协变量

变量		横向协作模式	完全市场模式	平均处理效应	*t*值
桃种植净收入	匹配前	0.423 7	0.226 2	0.197 5***	9.087 7
桃种植净收入	匹配后	0.432 1	0.226 9	0.205 2***	3.429 6
变量		纵向协作模式	完全市场模式	平均处理效应	*t*值
桃种植净收入	匹配前	0.383 8	0.226 2	0.157 6***	6.691 8
桃种植净收入	匹配后	0.387 1	0.084 9	0.302 2**	2.316 3

注：* $P<0.1$，** $P<0.05$，*** $P<0.01$。

表8-5 产业组织模式对桃农净收入影响效应的稳健性检验

加入市场分割指数为协变量

不同匹配方法	横向协作模式	完全市场模式	平均处理效应	*t*值
匹配前	0.423 7	0.226 2	0.197 5***	9.087 7
核匹配法	0.431 1	0.245 8	0.185 3**	2.819 0
半径（卡尺）匹配法	0.426 4	0.256 3	0.170 1***	3.274 2
不同匹配方法	纵向协作模式	完全市场模式	平均处理效应	*t*值
匹配前	0.383 8	0.226 2	0.157 6***	6.691 8
核匹配法	0.398 7	0.049 7	0.349 0***	3.298 8
半径（卡尺）匹配法	0.425 9	0.108 6	0.317 2**	2.604 9

(续)

加入自然性分割和人为性分割为协变量

不同匹配方法	横向协作模式	完全市场模式	平均处理效应	t 值
匹配前	0.423 7	0.226 2	0.197 5***	9.087 7
核匹配法	0.432 1	0.221 5	0.210 7***	3.104 1
半径（卡尺）匹配法	0.452 9	0.253 1	0.199 8***	4.316 7

不同匹配方法	纵向协作模式	完全市场模式	平均处理效应	t 值
匹配前	0.383 8	0.226 2	0.157 6***	6.691 8
核匹配法	0.400 6	0.043 8	0.356 8***	3.426 1
半径（卡尺）匹配法	0.411 0	0.091 0	0.320 0**	2.580 0

注：*$P<0.1$，**$P<0.05$，***$P<0.01$。

8.3.2　组群差异分析

为考察在不同特征下产业组织模式对桃农种植净收入的影响效应，本文基于加入市场分割指数为协变量的倾向得分匹配模型，分别考察不同经营规模、不同类型产区的差异性，结果如表8-6所示。本文在桃农桃种植面积的50%分位将桃农划分为小规模桃农和大规模桃农，结果表明，对于参与横向协作模式的桃农，无论其经营规模多大，均会提高其桃种植净收入。对于参与纵向协作模式的桃农，小规模桃农参与纵向协作模式能够显著提高桃种植净收入，平均处理效应为0.355 3（在1%的统计水平上显著），即纵向协作模式使得小规模桃农的亩均桃种植净收入增加3 553元；但对于大规模桃农而言，参加纵向协作模式并不能显著提高其桃种植净收入。

表8-6　不同特征下的产业组织模式对桃农净收入的影响

横向协作模式

变量	项目	平均处理效应	t 值
桃种植面积	50%分位以下	0.403 4***	4.828 3
	50%分位以上	0.102 6**	2.032 1

纵向协作模式

变量	项目	平均处理效应	t 值
桃种植面积	50%分位以下	0.355 3***	3.026 5
	50%分位以上	0.047 8	0.504 3

（续）

横向协作模式

变量	项目	平均处理效应	*t* 值
产区类型	传统产区	0.187 4***	3.339 3
	新兴产区	0.233 8**	2.758 5

纵向协作模式

变量	项目	平均处理效应	*t* 值
产区类型	传统产区	0.396 8***	3.031 6
	新兴产区	0.206 5*	2.010 5

横向协作模式

变量	项目	平均处理效应	*t* 值
产区类型	早熟产区	0.166 7***	3.001 1
	非早熟产区	0.166 5**	2.250 5

纵向协作模式

变量	项目	平均处理效应	*t* 值
产区类型	早熟产区	0.115 9	0.883 6
	非早熟产区	0.367 7***	3.045 5

注：* $P<0.1$，** $P<0.05$，*** $P<0.01$。

本文考察了传统产区和新兴产区桃农加入产业组织模式对其桃种植净收入的影响。相对于完全市场模式，传统产区桃农和新兴产区桃农参与横向协作模式均能够提高其桃种植净收入，传统产区桃农参与横向协作模式后，其亩均桃种植净收入能够提高 1 874 元（在 1% 的统计水平上显著）；新兴产区桃农参与横向协作模式后，其亩均桃种植净收入能够提高 2 338 元（在 5% 的统计水平上显著）。传统产区桃农参与纵向协作模式后，其亩均桃种植净收入能够提高 3 968 元（在 1% 的统计水平上显著）；新兴产区桃农参与纵向协作模式后，其亩均桃种植净收入能够提高 2 065 元（在 10% 的统计水平上显著），平均处理效应系数远低于传统产区。一般来说，新兴产区的市场配套措施和产品质量稳定性要差于传统产区，因此对于新兴产区的纵向协作模式而言，由于质量等因素的不稳定性使企业的机会主义行为增加，导致桃农获利能力下降。Wang 等（2011）以及江光辉、胡浩（2019）的研究也有类似的结果，农户参与产业组织模式不一定因此获得更高收益。

文章还考察了早熟产区和非早熟产区的桃农加入产业组织模式对其桃种植净收入的影响。相对于完全市场模式，参与横向协作模式的早熟产区桃农与非早熟产区桃农增收效应基本相同。早熟产区桃农参与纵向协作模式后，其亩均桃种植净收入并无显著提高（平均处理效应未通过显著性检验）；非早熟产区桃农参与纵向协作模式后，其亩均桃种植净收入增加3 677元（在1%的统计水平上显著）。可能的原因在于，早熟桃市场风险高，桃价格变动幅度较高，而企业往往在合作关系中具有更强的地位，容易产生机会主义行为。

8.4　本章小结

本章着眼于桃产业组织模式能否有效提高桃农种植净收入这一问题，将地方市场分割程度引入倾向得分匹配模型中，并基于安徽、江苏、山东和湖北4省桃农的微观调查数据，检验地方市场分割情况下当地桃农参与产业组织模式对其桃种植净收入的影响，同时考察对于不同特征桃农、不同产区类型下的异质性问题。得到了如下的研究结论：

（1）桃农参与产业组织模式对桃农种植净收入有显著正向影响。与完全市场模式相比，横向协作模式和纵向协作模式均能够显著增加桃农的亩均桃种植净收入，即桃农无论参与何种产业组织模式，均能够显著提高其桃种植净收入。

（2）不同特征桃农、不同类型产区桃农参与不同的产业组织模式的增收效应存在差异。小规模桃农参与纵向协作模式能够显著提高桃种植净收入；但对于大规模桃农而言，参加纵向协作模式并不能显著提高其桃种植净收入。传统产区桃农参与纵向协作模式后，其亩均桃种植净收入增加值高于新兴产区桃农参与纵向协作模式后的亩均桃种植净收入增加值。早熟产区桃农参与纵向协作模式后，其亩均桃种植净收入并无显著提高（平均处理效应未通过显著性检验）；而非早熟产区桃农参与纵向协作模式后，其亩均桃种植净收入有显著增加。

第9章

研究结论与政策建议

9.1　研究结论

　　为揭示地方市场分割影响当地桃农行为决策机制，明晰地方市场分割影响当地桃农生产经营绩效的作用路径。本研究以地方市场分割程度、当地桃农生产经营行为及绩效的关系为主线，从点和面的维度、横向与纵向的视角对桃产业进行"麻雀式解剖"。首先，梳理和分析了中国桃产业的发展现状，剖析了桃产业中地方市场分割产生的原因与影响。其次，分别从理论和实证两方面分析了地方市场分割对当地桃农生产技术投入的影响、地方市场分割与当地桃农品种栽培数量之间的关系。再次，从两个方面分析地方市场分割与当地桃农经营绩效的关系，一是揭示了地方市场分割对当地桃农桃种植净收入的影响，并探讨了桃农生产经营行为的中介作用；二是测算和分析了地方市场分割对当地桃农生产技术效率的影响。最后，检验了市场分割背景下桃农应对行为（产业组织模式选择）的增收效应。本文的主要研究结论有：

　　本研究以桃产业为例，探讨地方市场分割对当地农业经营主体的生产经营行为与经营绩效。从桃产业生产经营的关键环节切入，分别理论和实证探讨了地方市场分割与当地桃农生产技术投入的关系、地方市场分割与当地桃农品种选择行为的关系。再从两个方面分析地方市场分割与当地桃农经营绩效的关系，一是揭示了地方市场分割对当地桃农桃种植净收入的影响，并在此基础上通过多种中介效应模型和调节中介模型进一步揭示地方市场分割影响当地桃农桃种植净收入的作用机制；二是测算和分析了地方市场分割对当地桃农生产技术效率的影响。最后，检验了市场分割背景下桃农应对行为——产业组织模式选择的增收效应。基于上述研究内容，本文得到如下几点研究结论：

（1）与已有研究结论一致的是，由于桃产业中存在地方市场分割，且分割程度也未出现明显的收敛趋势，并在一定程度上导致主产区间出现产业同构，栽培品种结构和熟制结构趋同。

通过相对价格法测算的地方市场分割程度可以看出，桃市场之间的分割程度在2014—2021年呈现波动上升趋势。地方市场分割不仅存在于省域之间，各省内的不同区域间也存在（吕冰洋、贺颖，2020），问卷调查法的结果表明，省内的不同产区间同样存在地方市场分割。并且，我国鲜桃出口比重低，基本内销，意味着桃农应对市场分割的方式减少，地方市场分割对桃农生产经营的影响严重。

尽管极早熟、极晚熟品种的推出导致传统水蜜桃的市场供应期被拉长，过去以中熟为主的产业格局得到改变，但早熟桃比例的持续增加，又导致种植比例失调，同类型果实同期大量成熟，出现了积压滞销现象。虽然我国桃品种数量较多，但各省的主栽品种同质性却较高，主产区间产业同构，栽培品种结构和熟制结构趋同。桃农试图通过栽培差异化新品种应对激烈的市场竞争，但单个桃农种植品种数量过多，资源配置效率偏低，制约了桃农增收和桃产业发展。

（2）地方市场分割对当地桃农生产经营行为具有重要影响。分别是：总体上地方市场分割对当地桃农提质技术总投入具有倒U形影响，在不同类型分割原因上存在一定差异；地方市场分割促使桃农增加品种栽培数量。

总体上，市场分割对桃农提质技术总投入具有倒U形影响。对市场分割进行细分，不同类型市场分割存在一定差异。具体表现为：自然性分割对桃农提质技术投入具有显著负向影响；而人为性分割对桃农提质技术投入同总市场分割一致，具有显著倒U形影响。雇工质量在市场分割和桃农提质技术总投入关系中具有调节作用。雇工质量提高能够有效改善市场分割带来的负效应，提高市场分割的正效应。原因在于，雇工质量提高能够有效降低桃农的监督成本；并且，雇工质量提高能够提高技术使用效率，影响技术投入者的使用积极性与投入强度。市场分割对桃农不同类型的提质技术投入的影响存在差异。具体差异为：市场分割对桃农传统技术术投入均有显著倒 U 形影响；市场分割对桃农绿色技术投入均有显著负向影响。市场分割对不同产区桃农提质技术投入的影响存在差异。具体差异为：低程度的市场分割对传统产区桃农提质技术总投入的促进作用更强，而市场分割指数平方以及自然性分割、人为性分割平方的回归系数在不同产区之间没有显著差异。

市场分割程度提高会使得桃农品种栽培数量增加。具体表现为：代表整体市场分割的市场分割指数对桃农品种栽培数量具有显著正向影响，市场分割指数提升，桃农新品栽培数量增加。自然性分割和人为性分割均对桃农品种栽培数量具有显著正向影响，市场分割程度越高，桃农面临的生产经营不确定性越大、风险越高，桃农通过增加品种栽培数量以规避风险。由此解释了，当前桃产业中单个桃农栽培品种数量较多的现象。市场分割对桃农品种栽培数量的影响在不同产区间存在异质性。市场分割对新兴产区桃农、早熟产区桃农品种栽培数量影响更大。可能的原因是：传统产区的产业基础相对完善，各环节衔接程度更高，应对市场分割能力更强，而新兴产区则相对较弱；早熟桃市场价格波动程度高，市场风险大，因此市场分割对新兴产区桃农、早熟产区桃农品种栽培数量影响更大。

（3）总体上，地方市场分割对当地桃农生产经营绩效具有显著倒 U 形影响，并且地方市场分割会通过提质技术投入、品种栽培数量两条路径间接影响当地桃农经营绩效；桃农种植当地主栽品种的比重在品种栽培数量和桃农经营收益关系间具有调节作用。同时，普通小规模桃农难以在地方市场分割中获利。

地方市场分割对当地桃农桃种植净收入的影响：地方市场分割对当地桃农桃种植净收入具有显著倒 U 形影响，但不同类型原因造成的地方市场分割影响具有差异。具体表现为：自然性分割对当地桃农经营收益具有显著负向影响，自然性分割增加 1 个单位，当地桃农经营收益下降 723元。人为性分割对当地桃农经营收益具有倒 U 形影响，桃农经营收益随着人为性分割的提升呈现先增加后降低的趋势。分位数回归结果表明，地方市场分割对当地低收益桃农桃种植净收入具有更强的副作用，从而使得当地桃农群体间的收入差距扩大；当地方市场分割程度过高时，当地桃农群体之间的桃种植净收入水平都偏低。分组回归结果表明，地方市场分割对当地桃农净收入的正效应对小规模桃农没有显著影响。这意味着，小规模桃农基本无法享受到地方市场分割带来的正效应，即地方保护对小农户而言并非"增收良方"。中介效应检验结果表明，地方市场分割通过提质技术投入、品种栽培数量对当地桃农桃种植净收入产生影响，中介效应显著。具体表现为：分割程度指数、自然性分割、人为性分割均通过提质技术投入这条中介路径对当地桃农净收入产生影响；自然性分割通过品种栽培数量这条中介路径对当地桃农净收入产生影响；低程度的分割程度指数、人为性分割也会通过品种栽培数量这条中介路径对当地桃农净收入产生间接的抑制作用，遮掩了低程度的地方市场分割对推动当地桃农净收入增加的正效应。调节中介检验结果表明，"地方市场分割→品种栽培数量→桃农净收入"这条路径存在调节中介作用，主栽品种比重缓解了品种栽培数量带来的负效应。条件间接效应随着调节变量取值的增加而增加，主栽品种比重越高，条件间接效应取值越高，桃农桃种植净收入就越高。

地方市场分割对当地桃农生产技术效率的影响：从投入产出效率看，样本桃农的土地投入、雇工投入、种苗投入、农药投入以及固定资本投入对桃农桃产出值具有显著正向影响。从投入对技术效率的贡献值看，土地投入对桃农生产技术效率的贡献作用最大，其次是固定资产投入和种苗投入。当前通过增加土地面积，实现规模经营能够有效提高桃生产技术效率；通过增加种苗投入、增加果园基础设施建设、提高机械使用率能够提高桃生产技术效率。而家庭用工投入和肥料投入的产出弹性系数为负，要素投入可能超过最优量，应当减少家庭用工投入、肥料投入，节约生产成本，提高桃生产技术效率。从市场分割与生产技术效率关系看，地方市场分割会对当地桃农生产技术效率产生倒 U 形影响。具体表现为，自然性分割对当地桃农生产技术效率具有负向影响；人为性分割对当地桃农生产技术效率具有倒 U 形影响。其他变量，增加培训、提高商品率能够提高桃农生产技术效率；企业相较于小户桃农生产技术效率更高；而相较于平原，丘陵山地的桃农生产技术效率较低。通过将品种栽培数量以不同方式引入随机前沿分析模型中，均能够得到品种栽培数量对桃农生产技术效率具有显著负向影响。因此，当前桃产业中桃农品种栽培数量过多的问题应当予以重视，引导桃农合理选择品种。

（4）与完全市场模式相比，横向协作模式和纵向协作模式均能够显著增加当地桃农的亩均桃种植净收入，即当地桃农无论参与横向协作模式还是纵向协作模式，均能够显著提高其桃种植净收入，当地桃农参与产业组织模式能够有效应对地方市场分割带来的负向影响。

着眼于桃产业组织模式能否有效提高桃农种植净收入这一问题，将地方市场分割程度引入倾向得分匹配模型中可知，桃农参与产业组织模式对桃农种植净收入具有显著正向影响。与完全市场模式相比，横向协作模式和纵向协作模式均能够显著增加桃农的亩均桃种植净收入，即桃农无论参与何种产业组织模式，均能够显著提高其桃种植净收入。不同特征桃农、不同类型产区桃农参与不同的产业组织模式的增收效应存在差异。小规模桃农参与纵向协作模式能够显著提高桃种植净收入，但对于大规模桃农而言，参与纵向协作模式并不能显著提高其桃种植净收入。传统产区桃农参与纵向协作模式后，其亩均桃种植净收入增加值高于新兴产区桃农参与纵向协作模式后的亩均桃种植净收入增加值。早熟产区桃农参与纵向协作模式后，其亩均桃种植净收入并无显著提高（平均处理效应未通过显著性检验）；而非早熟产区桃农参与纵向协作模式后，其亩均桃种植净收入有显著增加。

9.2 政策建议

建设全国统一大市场是构建新发展格局的基础支撑和内在要求。在此背景下，揭示地方市场分割对当地农业经营主体生产经营行为与绩效影响的作用机制，对于实现农业生产经营高效、产区布局科学、产业发展持续、加快建设全国统一大市场具有重要意义。基于本研究的结论与分析，建议从优化生产布局和推动标准化建设、推动农业产业化组织发展、加强公共基础设施建设、提高市场监督和违规惩罚力度、规范不当市场竞争和市场干预行为等方面进行努力，破除市场分割，推动产业发展和统一市场建设。具体建议如下：

（1）降低地方市场分割的程度，推动统一市场建设，发挥市场的规模效应与集聚效应。桃产业是中国重要的果品产业，桃市场也是全国大市场的一部分，推动桃全国统一市场建设对加快建设全国统一大市场具有积极意义。结合桃产业特性和本文的研究结论，提出以下具体建议：

加大交通基础设施、冷链无损运输设施建设。以桃为代表的易腐性农产品受自然性市场分割影响大、程度深,为保证终端果品的新鲜度与完整度,中间环节损耗严重,尽管消费者愿意为此买单但桃农却未能由此获益,反而还要承担来自下游的价格风险。因此,提高流通效率和减少流通损耗对降低自然性分割具有重要作用。而潘爽、叶德珠(2021)和孙博文、尹俊(2021)的研究表明交通基础设施的建设有助于打破自然性分割。除此之外,冷链无损运输设施建设还能为拓展海外市场提供助力,缓解国内鲜桃供需矛盾。

破除地方保护、区域壁垒,加强全产业链的监督执法。桃产业中的地方保护既体现在地方政府的保护性补贴政策、歧视性的检疫检测规定,还体现在地方势力阻碍和打压外地桃果流入本地市场,以及渠道商在产销端的市场垄断。由于桃产品易腐的特性,使得这类地方市场保护变得容易且隐蔽。因此,①需要清理规范地方政府补贴政策和优惠政策,加强对于这类政策的审查;②在统一的市场准入制度基础上,严查具有选择性提高市场准入条件的行为,维护市场准入的公平统一;③加强市场监管与执法力度,打击地方势力阻碍正常流通和经营的行为,破除渠道商在桃市场的垄断问题,规范渠道商经营行为。从而进一步降低市场交易费用、制度性交易成本,发挥市场规模和集聚效应,提高供需两端的效用;④加强苗木市场的监督与执法力度,规范苗木市场生产与销售。

完善市场信息交互渠道,加快产地市场体系建设。鲜桃市场信息变化快,经营风险高。因此,要建设和优化市场价格信息、生产需求信息等信息的实时发布与分享,促进市场信息的充分流通和使用,降低信息获取费用,降低交易不确定性。前瞻桃产业创新发展趋势,推进数字化建设,为供给侧生产主体赋能。通过利用大数据指导生产和细分市场,预警可能出现的全局性或区域性、结构性过剩,引导产业发展。目前,桃产业的产地市场建设落后,价格反馈机制不强,运行效率低下等问题突出,无法实现跨区域、跨季节调节市场,以及促进统一市场建设。当前,中央政府层面已出台《"十四五"全国农产品产地市场体系发展规划》,为推进产地市场体系建设和完善作出重要指示;但目前还未被纳入国家级产地市场布局规划中,鉴于桃是我国4大果品,是重要的经济和民生产业,建议在后续的政策中推动桃产地市场体系建设和完善。

（2）调整品种结构，优化桃生产布局，发展具有地区比较优势的特色产区。由于选择性的地方主导产业政策等原因导致地方市场分割，由此带来桃产业品种结构失衡等诸多问题。因此，引导因为这类原因而导致地方市场分割的地区因地制宜调整品种结构，根据市场预期及专家意见优先发展新品种，加强良种引进与筛选，扩大黄肉桃以及蟠桃等广受欢迎的特色品种的种植面积，推进品种区域化发展，合理搭配品种熟制构成比例。同时，重视和加强对苗木繁育和经营的管理，建立规范化的苗木繁育基地，实行苗木繁育、经营许可证制度，确保优良品种苗木的纯度和质量。根据各产区资源禀赋，结合国家乡村振兴战略，发展建设具有地区比较优势的桃产业化产区，着力打造成各具特色的生态观光游、农事体验游、节庆文化游、文旅融合的现代桃园，坚持提高品质、生态环保、提升品牌的发展思路，形成特色鲜明、竞争力强的区域优势产业，从而促进桃产业持续健康发展。

（3）建立健全桃标准化生产体系，加强区域优质品牌建设，培育专业化服务队伍。桃市场中鲜桃的标准化程度较低，产品等级划分标准差异较大，这为营造地方市场分割提供了有利条件。因此，在健全的商品质量分级体系的基础上，从品种选育、生产管理、采后分级、冷链保鲜、贮运到销售，需要形成完整的技术标准化体系。建立区域内生产者之间的联合、联动机制，推动标准化生产体系的落地，促进绿色生产、绿色消费，提高种植效益。加强政企合作，增强品牌建设意识，积极推进优质桃及其加工品的品牌注册，建设区域品牌，加强品牌宣传，扩大品牌和产区影响力。同时，建立具有深度追溯能力的质量追溯系统，维护品牌渠道和保障食品安全。

要提高生产性服务外包在桃产业中的规模，大力培育专业化服务队伍和组织，解决桃农生产技术不足、劳动力成本较高和劳动力年龄大等问题，提高桃农经营收益，促进桃产业高质量发展。同时，加强对农业生产者的农业生产技能培训。由于雇工质量能够有效破除市场分割带来的负效应，并且许多农业生产环节的雇工还来自周边农业生产者，尤其是对于类似桃产业的农业产业，产业内的生产服务性服务外包组织发展程度较低。因此，农业技术培训既能够加强经营者生产能力，又能够提高被雇者的质量，从而抑制市场分割带来的负效应。

（4）关注小户桃农的增收问题，加强农业产业组织建设发展，推动各类型经营主体共同发展。从地方市场分割和当地桃农绩效的关系来看，地方市场分割损害了当地小规模农户利益，地方市场分割程度越高当地小规模桃农的种植净收入越低。因此，这种"保护"并没有促进当地小规模桃农增收，而小规模桃农能够通过加入产业组织寻求增收。因此，在推动全国统一大市场建设的同时，推动桃产业组织化建设，引导小户桃农组建合作社，发展"企业＋农户""企业＋合作社＋农户"等多种链接模式，提高桃产业组织化程度，推动小户桃农融入现代桃产业的发展过程中。鼓励新型农业经营主体探索有利于规模化经营的技术、管理和销售模式，推动桃产业高质量发展和现代化建设。

参 考 文 献

白懿玮，季婷，汪俊，2016. 小农户的电商渠道选择及影响因素分析——基于烟台大樱桃产区的实证调查 [J]. 农村经济与科技，27 (11)：71-75.

白重恩，杜颖娟，陶志刚，等，2004. 地方保护主义及产业地区集中度的决定因素和变动趋势 [J]. 经济研究 (4)：29-40.

毕茜，陈赞迪，彭珏，2014. 农户亲环境农业技术选择行为的影响因素分析——基于重庆336 户农户的统计分析 [J]. 西南大学学报 (社会科学版)，40 (6)：44-49.

卞元超，2019. 市场分割的环境污染效应研究 [D]. 南京：东南大学.

蔡丽茹，吴昕晖，杜志威，2022. 环境友好型农业技术扩散的时空演化与影响因素——基于社会网络视角 [J]. 地理研究，41 (1)：63-78.

曹春方，张婷婷，范子英，2017. 地区偏袒下的市场整合 [J]. 经济研究，52 (12)：91-104.

曹春蕾，2015. 农产品加工企业电商平台选择研究 [D]. 大庆：黑龙江八一农垦大学.

陈斌开，马宁宁，王丹利，2020. 土地流转、农业生产率与农民收入 [J]. 世界经济，43 (10)：97-120.

陈超，陈亭，翟乾乾，2018. 不同生产组织模式下农户技术效率研究——基于江苏省桃农的调研数据 [J]. 华中农业大学学报 (社会科学版)(1)：31-37.

陈超，孔月，徐磊，2021. 区域公共品牌、标准化生产对果农经营收入的影响——基于冀、苏、赣三省771 户果农的实证检验 [J]. 农林经济管理学报，20 (5)：569-577.

陈超，王莹，翟乾乾，2019. 风险偏好、风险感知与桃农化肥农药施用行为 [J]. 农林经济管理学报，18 (4)：472-480.

陈超，徐磊，2020. 流通型龙头企业主导下果品产业链的整合与培育——基于桃产业的理论与实践 [J]. 农业经济问题 (8)：77-90.

陈超，展进涛，周宁，2007. 植物新品种保护制度对我国种业的经济影响 [J]. 江西农业学报 (7)：134-137.

陈超，张明杨，石成玉，2012. 江苏省水稻良种补贴对保护品种推广的影响 [J]. 华南农业大学学报 (社会科学版)，11 (4)：74-81.

陈富桥，丁士军，姜爱芹，2013. 产销对接方式对农户农产品销售收入的影响——基于茶叶种植户的实证研究 [J]. 农业技术经济 (7)：72-77.

陈刚，李树，2013. 司法独立与市场分割——以法官异地交流为实验的研究 [J]. 经济研究，48（9）：30-42.

陈欢，周宏，王全忠，等，2014. 农户感知与适应气候变化的有效性分析——来自江苏省水稻种植户的调查研究 [J]. 农林经济管理学报，13（5）：467-474.

陈瑾瑜，2015. 市场分割条件下金融支持技术进步的路径分析 [J]. 统计与决策（16）：166-169.

陈萍，李平，2012. 劳动力市场的所有制分割与城乡收入差距 [J]. 财经问题研究（5）：100-107.

陈庆江，赵明亮，耿新，2018. 信息化、市场分割与产业结构合理化 [J]. 经济问题（6）：14-19.

陈思，聂凤英，罗尔呷，等，2021. 正规借贷、非正规借贷对农户收入的影响——来自中国西部贫困地区的经验证据 [J]. 农业技术经济（5）：35-47.

陈松炜，2016. 发展农产品电商的意义及对策 [J]. 农业经济（3）：128-129.

陈雪婷，黄炜虹，齐振宏，等，2020. 生态种养模式认知、采纳强度与收入效应——以长江中下游地区稻虾共作模式为例 [J]. 中国农村经济（10）：71-90.

陈宇峰，叶志鹏，2014. 区域行政壁垒、基础设施与农产品流通市场分割——基于相对价格法的分析 [J]. 国际贸易问题（6）：99-111.

陈钊，2007. 政府行为、市场整合、工业集聚与地区差距——中国区域经济发展的经济学逻辑 [J]. 学习与探索（2）：124-129.

陈钊，陆铭，佐藤宏，2009. 谁进入了高收入行业？——关系、户籍与生产率的作用 [J]. 经济研究，44（10）：121-132.

陈昭玖，胡雯，袁旺兴，等，2016. 农业规模经营、劳动力资源配置与农民收入增长——基于赣、粤的经验 [J]. 农林经济管理学报，15（2）：144-153.

陈柱康，张俊飚，何可，2018. 技术感知、环境认知与农业清洁生产技术采纳意愿 [J]. 中国生态农业学报，26（6）：926-936.

程名望，盖庆恩，Jin Yanhong，等，2016. 人力资本积累与农户收入增长 [J]. 经济研究，51（1）：168-181.

仇焕广，苏柳方，张祎彤，等，2020. 风险偏好、风险感知与农户保护性耕作技术采纳 [J]. 中国农村经济（7）：59-79.

储成兵，李平，2014. 农户病虫害综合防治技术采纳意愿实证分析——以安徽省402个农户的调查数据为例 [J]. 财贸研究，25（3）：57-65.

褚彩虹，冯淑怡，张蔚文，2012. 农户采用环境友好型农业技术行为的实证分析——以有机肥与测土配方施肥技术为例 [J]. 中国农村经济（3）：68-77.

崔民，张济舟，夏显力，2021. 参与培训对农户生态农业技术采纳行为的影响——基于生态认知的中介效应和遮掩效应 [J]. 干旱区资源与环境，35（11）：38-46.

崔怡，马九杰，孔祥智，等，2021. 灌溉机井所有权与凿井管制政策的节水效应——基于马铃薯种植户调查数据的分析 [J]. 中国农村经济（2）：82-105.

戴亦一，肖金利，潘越，2016.“乡音”能否降低公司代理成本？——基于方言视角的研究 [J]. 经济研究，51（12）：147-160.

邓芳芳，王磊，周亚虹，2017. 市场整合、资源配置与中国经济增长 [J]. 上海经济研究（1）：41-51.

邓明，2014. 中国地区间市场分割的策略互动研究 [J]. 中国工业经济（2）：18-30.

邓正华，张俊飚，杨新荣，等，2012. 影响菇农采用良种与栽培技术因素的实证分析 [J]. 中国农业大学学报，17（2）：171-176.

丁从明，吉振霖，雷雨，等，2018. 方言多样性与市场一体化：基于城市圈的视角 [J]. 经济研究，53（11）：148-164.

丁存振，肖海峰，2019. 交易特性、农户产业组织模式选择与增收效应——基于多元 Logit 模型和 MTE 模型分析 [J]. 南京农业大学学报（社会科学版），19（5）：130-142.

董翀，钟真，孔祥智，2015. 订单农业对农户的影响总是有效吗？——买方垄断和非垄断市场订单农业参与效果的对比研究 [J]. 商业经济与管理（4）：16-23.

董莹，穆月英，2019. 农户环境友好型技术采纳的路径选择与增效机制实证 [J]. 中国农村观察（2）：34-48.

范欣，2016. 中国市场分割的性质及效应研究 [D]. 长春：吉林大学.

范欣，李尚，2020. 市场分割诱发了企业产能过剩吗？[J]. 产业经济研究（1）：15-27.

范欣，宋冬林，赵新宇，2017. 基础设施建设打破了国内市场分割吗？[J]. 经济研究，52（2）：20-34.

范子英，张军，2010. 财政分权、转移支付与国内市场整合 [J]. 经济研究，45（3）：53-64.

方军雄，2009. 市场分割与资源配置效率的损害——来自企业并购的证据 [J]. 财经研究，35（9）：36-47.

冯晓龙，霍学喜，2016. 社会网络对农户采用环境友好型技术的激励研究 [J]. 重庆大学学报（社会科学版），22（3）：72-81.

冯笑，王永进，2022. 贸易开放与中国制造业市场分割：兼论中国的“以开放促改革”战略 [J]. 国际贸易问题（2）：1-17.

付强，2017. 市场分割促进区域经济增长的实现机制与经验辨识 [J]. 经济研究，52（3）：47-60.

高延雷，张正岩，王志刚，2021. 农地转入、农户风险偏好与种植结构调整——基于 CHFS 微观数据的实证分析 [J]. 农业技术经济（8）：66-80.

高杨，牛子恒，2019. 风险厌恶、信息获取能力与农户绿色防控技术采纳行为分析 [J]. 中国农村经济（8）：109-127.

高瑛，王娜，李向菲，等，2017. 农户生态友好型农田土壤管理技术采纳决策分析——以山东省为例 [J]. 农业经济问题，38（1）：38-47.

耿宇宁，郑少锋，陆迁，2017. 经济激励、社会网络对农户绿色防控技术采纳行为的影响——来自陕西猕猴桃主产区的证据 [J]. 华中农业大学学报（社会科学版）（6）：59 - 69.

桂琦寒，陈敏，陆铭，等，2006. 中国国内商品市场趋于分割还是整合：基于相对价格法的分析 [J]. 世界经济（2）：20 - 30.

郭锦墉，肖剑，汪兴东，2019. 主观规范、网络外部性与农户农产品电商采纳行为意向 [J]. 农林经济管理学报，18（4）：453 - 461.

郭锦墉，徐磊，2016. 农民合作社"农超对接"参与意愿和参与程度的影响因素分析——基于江西省的抽样调查 [J]. 北京工商大学学报（社会科学版），31（6）：17 - 25.

郭鹏飞，胡歆韵，2021. 基础设施投入、市场一体化与区域经济增长 [J]. 武汉大学学报（哲学社会科学版），74（6）：141 - 157.

国家桃产业技术体系，2016. 中国现代化农业产业可持续发展战略研究（桃分册）[M]. 北京：中国农业出版社.

韩俊，2018. 关于实施乡村振兴战略的八个关键性问题 [J]. 中国党政干部论坛（4）：19 - 26.

韩俊，2018. 以习近平总书记"三农"思想为根本遵循实施好乡村振兴战略 [J]. 管理世界，34（8）：1 - 10.

韩丽敏，李军，潘丽莎，2018. 养羊场（户）育种技术采纳意愿情况调查分析——基于13 省（区）477 家养羊场（户）的问卷调查 [J]. 山东农业大学学报（社会科学版），20（3）：35 - 42.

何小伟，吴学明，2018. 对调整农业保险财政支持政策目标的思考 [J]. 中国保险（2）：14 - 17.

洪正，谢漾，2021. 财政分权制度、市场分割同群效应与产能过剩 [J]. 中南大学学报（社会科学版），27（4）：111 - 127.

侯振兴，2018. 区域农户农企采纳农产品电子商务的影响因素 [J]. 西北农林科技大学学报（社会科学版），18（1）：66 - 74.

胡彬，万道侠，2017. 产业集聚如何影响制造业企业的技术创新模式——兼论企业"创新惰性"的形成原因 [J]. 财经研究，43（11）：30 - 43.

胡凯，张鹏，2013. 我国植物新品种权申请授权状况分析 [J]. 技术经济与管理研究（1）：124 - 128.

胡伦，陆迁，2019. 贫困地区农户互联网信息技术使用的增收效应 [J]. 改革（2）：74 - 86.

胡天石，傅铁信，2005. 中国农产品电子商务发展分析 [J]. 农业经济问题（5）：23 - 27.

黄季焜，2013. 深化农业科技体系改革　提高农业科技创新能力 [J]. 农业经济与管理（2）：5 - 8.

黄季焜，Scott Rozelle，1993. 技术进步和农业生产发展的原动力——水稻生产力增长的分析 [J]. 农业技术经济（6）：21 - 29.

黄季焜，米建伟，林海，等，2010. 中国 10 年抗虫棉大田生产：Bt 抗虫棉技术采用的直接效应和间接外部效应评估 [J]. 中国科学：生命科学，40（3）：260 - 272.

黄季焜，徐志刚，胡瑞法，等，2010. 我国种子产业：成就、问题和发展思路 [J]. 农业经济与管理（3）：5 - 10.

黄建华，2016. 政府双重干预下基于渠道商价格欺诈的农产品交易演化博弈模型 [J]. 中国管理科学，24（11）：66 - 72.

黄善林，张羽鑫，侯淑涛，等，2016. 东北地区农地经营规模对农民农业收入的影响研究 [J]. 干旱区资源与环境，30（5）：36 - 40.

黄武，韩喜秋，朱国美，2012. 花生种植户新品种采用的影响因素分析——以安徽省滁州市为例 [J]. 农业技术经济（12）：12 - 21.

黄欣乐，曾玉荣，陈琴苓，2020. 东南地区稻农新品种技术采纳行为影响因素及技术发展、推广策略——基于福建省水稻种植户的调查 [J]. 科技管理研究，40（24）：144 - 152.

黄新飞，陈珊珊，李腾，2014. 价格差异、市场分割与边界效应——基于长三角 15 个城市的实证研究 [J]. 经济研究，49（12）：18 - 32.

黄炎忠，罗小锋，唐林，等，2020. 绿色防控技术的节本增收效应——基于长江流域水稻种植户的调查 [J]. 中国人口·资源与环境，30（10）：174 - 184.

黄赜琳，王敬云，2006. 地方保护与市场分割：来自中国的经验数据 [J]. 中国工业经济（2）：60 - 67.

黄赜琳，姚婷婷，2020. 市场分割与地区生产率：作用机制与经验证据 [J]. 财经研究，46（1）：96 - 110.

贾润崧，胡秋阳，2016. 市场集中、空间集聚与中国制造业产能利用率——基于微观企业数据的实证研究 [J]. 管理世界（12）：25 - 35.

贾伟，王丽明，毛学峰，等，2018. 中国农业企业存在"出口—生产率悖论"吗？[J]. 中国农村经济（3）：45 - 60.

江光辉，胡浩，2019. 生猪价格波动、产业组织模式选择与农户养殖收入——基于江苏省生猪养殖户的实证分析 [J]. 农村经济（12）：96 - 105.

姜长云，2022. 新发展格局、共同富裕与乡村产业振兴 [J]. 南京农业大学学报（社会科学版），22（1）：1 - 11.

姜长云，杜志雄，2017. 关于推进农业供给侧结构性改革的思考 [J]. 南京农业大学学报（社会科学版），17（1）：1 - 10.

景维民，张景娜，2019. 市场分割对经济增长的影响：基于地区发展不平衡的视角 [J]. 改革（9）：103 - 114.

柯善咨，郭素梅，2010. 中国市场一体化与区域经济增长互动：1995—2007 年 [J]. 数量经济技术经济研究，27（5）：62-72.

孔祥智，方松海，庞晓鹏，等，2004. 西部地区农户禀赋对农业技术采纳的影响分析
[J]. 经济研究（12）：85-95.

来晓东，杜志雄，郜亮亮，2021. 加入合作社对粮食类家庭农场收入影响的实证分析——
基于全国644家粮食类家庭农场面板数据[J]. 南京农业大学学报（社会科学版），21
（1）：143-154.

蓝海林，皮圣雷，2011. 经济全球化与市场分割性双重条件下中国企业战略选择研究
[J]. 管理学报，8（8）：1107-1114.

李博伟，徐翔，2018. 农业生产集聚、技术支撑主体嵌入对农户采纳新技术行为的空间影
响——以淡水养殖为例[J]. 南京农业大学学报（社会科学版），18（1）：124-136.

李丹，周宏，周力，2021. 品牌溢价与农产品质量安全——来自江苏水稻种植的例证
[J]. 财经研究，47（2）：34-48.

李谷成，郭伦，周晓时，2018. 劳动力老龄化对农户作物新品种技术采纳行为的影响研
究——以油菜新品种技术为例[J]. 农林经济管理学报，17（6）：641-649.

李后建，2012. 农户对循环农业技术采纳意愿的影响因素实证分析[J]. 中国农村观察
（2）：28-36.

李嘉楠，孙浦阳，唐爱迪，2019. 贸易成本、市场整合与生产专业化——基于商品微观价
格数据的验证[J]. 管理世界，35（8）：30-43.

李姣媛，覃诚，方向明，2020. 农村一二三产业融合：农户参与及其增收效应研究[J].
江西财经大学学报（5）：103-116.

李霖，郭红东，2017. 产业组织模式对农户种植收入的影响——基于河北省、浙江省蔬菜
种植户的实证分析[J]. 中国农村经济（9）：62-79.

李霖，王军，郭红东，2019. 产业组织模式对农户生产技术效率的影响——以河北省、浙
江省蔬菜种植户为例[J]. 农业技术经济（7）：40-51.

李琪，唐跃桓，任小静，2019. 电子商务发展、空间溢出与农民收入增长[J]. 农业技术
经济（4）：119-131.

李庆海，徐闻怡，2021. 农民合作社对棉花种植户减贫增收的影响[J]. 世界农业（10）：
81-92.

李善同，侯永志，刘云中，等，2004. 中国国内地方保护问题的调查与分析[J]. 经济研
究（11）：78-84.

李绍平，秦明，董永庆，2021. 数字普惠金融背景下的小额信贷与农户收入[J]. 经济学
报，8（1）：216-234.

李斯嘉，吴利华，2021. 市场分割对区域创新资源配置效率的影响[J]. 现代经济探讨
（1）：75-87.

李晓静，陈哲，刘斐，等，2020. 参与电商会促进猕猴桃种植户绿色生产技术采纳
吗？——基于倾向得分匹配的反事实估计[J]. 中国农村经济（3）：118-135.

李雪松，孙博文，2015. 密度、距离、分割与区域市场一体化——来自长江经济带的实证［J］. 宏观经济研究（6）：117 - 128.

李雪松，张雨迪，孙博文，2017. 区域一体化促进了经济增长效率吗？——基于长江经济带的实证分析［J］. 中国人口·资源与环境，27（1）：10 - 19.

李颖慧，李敬，2019. 农业生产性服务供给渠道的有效性：农户收入和满意度视角——基于西南 4 省市问卷调查数据的实证分析［J］. 西部论坛，29（2）：53 - 63.

李增福，曾林，叶永卫，2020. 市场分割如何影响企业的技术创新表现［J］. 产经评论，11（5）：23 - 41.

李昭琰，郭艳琴，乔方彬，2015. 双价转基因抗虫棉经济效益分析［J］. 农业技术经济（8）：4 - 14.

李志阳，刘振中，2019. 信贷获得、信贷约束与农户收入效应——基于 PSM 方法的分析［J］. 兰州学刊（8）：146 - 157.

连玉君，苏治，丁志国，2008. 现金-现金流敏感性能检验融资约束假说吗？［J］. 统计研究（10）：92 - 99.

林海英，侯淑霞，赵元凤，等，2020. 农村电子商务能够促进贫困户稳定脱贫吗——来自内蒙古的调查［J］. 农业技术经济（12）：81 - 93.

林家宝，胡倩，2017. 企业农产品电子商务吸收的影响因素研究——政府支持的调节作用［J］. 农业技术经济（12）：110 - 124.

林文，2011. 财政分权、产业政策与中国国内市场整合［J］. 中国经济问题（3）：70 - 77.

林毅夫，蔡昉，李周，1999. 比较优势与发展战略——对"东亚奇迹"的再解释［J］. 中国社会科学（5）：4 - 20.

林毅夫，刘明兴，2003. 中国的经济增长收敛与收入分配［J］. 世界经济（8）：3 - 14.

刘刚，谢贵勇，2019. 交通基础设施、流通组织规模与农产品流通市场分割［J］. 北京工商大学学报（社会科学版），34（3）：28 - 40.

刘昊，祝志勇，2021. 从地区性市场走向区域性市场——基于五大城市群市场分割的测算［J］. 经济问题探索（1）：124 - 135.

刘浩，刘宇荧，傅新红，2021. 合作社标准化生产服务能够提升农户收入吗？［J］. 农村经济（12）：55 - 62.

刘建，许统生，涂远芬，2013. 交通基础设施、地方保护与中国国内贸易成本［J］. 当代财经（9）：87 - 99.

刘洁，2011. 农民专业合作社契约选择与运营绩效的理论分析与实证研究［D］. 武汉：华中农业大学.

刘景政，傅新红，刘宇荧，等，2022. 合作社社员规范使用农药的增收效应研究——来自四川省的证据［J］. 中国农业资源与区划，43（1）：174 - 183.

刘宽斌，熊雪，聂凤英，2020. 贫困地区农户对自然灾害风险规避和响应分析［J］. 中国农业资源与区划，41（1）：289 - 296.

刘乐，张娇，张崇尚，等，2017. 经营规模的扩大有助于农户采取环境友好型生产行为吗——以秸秆还田为例 [J]. 农业技术经济 (5)：17 - 26.

刘丽，褚力其，姜志德，2020. 技术认知、风险感知对黄土高原农户水土保持耕作技术采用意愿的影响及代际差异 [J]. 资源科学，42 (4)：763 - 775.

刘奇，2018. 农业转型：走自己的路 [J]. 中国发展观察 (1)：50 - 51.

刘瑞，戴伟，李震，2021. 降低流通成本 畅通国民经济循环 [J]. 上海经济研究 (2)：25 - 35.

刘瑞明，2012. 国有企业、隐性补贴与市场分割：理论与经验证据 [J]. 管理世界 (4)：21 - 32.

刘帅，钟甫宁，2011. 实际价格、粮食可获性与农业生产决策——基于农户模型的分析框架和实证检验 [J]. 农业经济问题，32 (6)：15 - 20.

刘小勇，李真，2008. 财政分权与地区市场分割实证研究 [J]. 财经研究 (2)：88 - 98.

刘信恒，2020. 国内市场分割与出口产品质量升级——来自中国制造业企业的证据 [J]. 国际贸易问题 (11)：30 - 44.

刘亚洲，钟甫宁，2019. 风险管理 VS 收入支持：我国政策性农业保险的政策目标选择研究 [J]. 农业经济问题 (4)：130 - 139.

刘志彪，2021. 建设国内统一大市场的重要意义与实现路径 [J]. 人民论坛 (2)：20 - 23.

刘志彪，孔令池，2021. 从分割走向整合：推进国内统一大市场建设的阻力与对策 [J]. 中国工业经济 (8)：20 - 36.

卢奇，洪涛，张建设，2017. 我国特色农产品现代流通渠道特征及优化 [J]. 中国流通经济，31 (9)：8 - 15.

芦千文，崔红志，刘佳，2020. 新冠肺炎疫情对农村居民收入的影响、原因与构建农村居民持续增收机制的建议 [J]. 农业经济问题 (8)：12 - 23.

鲁钊阳，2019. 农产品地理标志对跨境农产品电商发展影响的实证研究 [J]. 中国软科学 (6)：67 - 84.

陆铭，陈钊，2009. 分割市场的经济增长——为什么经济开放可能加剧地方保护？ [J]. 经济研究，44 (3)：42 - 52.

陆泉志，张益丰，2022. 合作社多元社会化服务的社员增收效应——基于山东省农户调研数据的"反事实"估计 [J]. 西北农林科技大学学报 (社会科学版)，22 (1)：129 - 140.

吕冰洋，贺颖，2020. 迈向统一市场：基于城市数据对中国商品市场分割的测算与分析 [J]. 经济理论与经济管理 (4)：13 - 25.

吕冰洋，王雨坤，贺颖，2021. 我国地区间资本要素市场分割状况：测算与分析 [J]. 统计研究，38 (11)：101 - 114.

吕丹，张俊飚，2020. 新型农业经营主体农产品电子商务采纳的影响因素研究 [J]. 华中农业大学学报 (社会科学版) (3)：72 - 83.

吕杰，刘浩，薛莹，等，2021. 风险规避、社会网络与农户化肥过量施用行为——来自东北三省玉米种植农户的调研数据 [J]. 农业技术经济 (7)：4 - 17.

吕越，盛斌，吕云龙，2018. 中国的市场分割会导致企业出口国内附加值率下降吗 [J]. 中国工业经济 (5)：5 - 23.

罗岚，刘杨诚，马松，等，2021. 政府规制、市场收益激励与果农采纳绿色生产技术 [J]. 科技管理研究，41 (15)：178 - 183.

马彪，张琛，彭超，2020. 农户分化背景下农业保险的功能实现研究 [J]. 保险研究 (9)：77 - 91.

马草原，李廷瑞，孙思洋，2021. 中国地区之间的市场分割——基于"自然实验"的实证研究 [J]. 经济学（季刊），21 (3)：931 - 950.

马草原，朱玉飞，李廷瑞，2021. 地方政府竞争下的区域产业布局 [J]. 经济研究，56 (2)：141 - 156.

马述忠，房超，2020. 线下市场分割是否促进了企业线上销售——对中国电子商务扩张的一种解释 [J]. 经济研究，55 (7)：123 - 139.

马志雄，丁士军，2013. 基于农户理论的农户类型划分方法及其应用 [J]. 中国农村经济 (4)：28 - 38.

毛慧，周力，应瑞瑶，2018. 风险偏好与农户技术采纳行为分析——基于契约农业视角再考察 [J]. 中国农村经济 (4)：74 - 89.

蒙大斌，王昕，2016. 农业生产资料的市场分割对生产技术效率的影响 [J]. 中国科技论坛 (7)：111 - 117.

蒙秀锋，饶静，叶敬忠，2005. 农户选择农作物新品种的决策因素研究 [J]. 农业技术经济 (1)：20 - 26.

聂召英，王伊欢，2021. 链接与断裂：小农户与互联网市场衔接机制研究——以农村电商的生产经营实践为例 [J]. 农业经济问题 (1)：132 - 143.

潘丹，孔凡斌，2015. 养殖户环境友好型畜禽粪便处理方式选择行为分析——以生猪养殖为例 [J]. 中国农村经济 (9)：17 - 29.

潘爽，叶德珠，2021. 交通基础设施对市场分割的影响——来自高铁开通和上市公司异地并购的经验证据 [J]. 财政研究 (3)：115 - 129.

齐振宏，梁凡丽，周慧，等，2012. 农户水稻新品种选择影响因素的实证分析——基于湖北省的调查数据 [J]. 中国农业大学学报，17 (2)：164 - 170.

恰亚诺夫 A，1996. 农民经济组织 [M]. 北京：中央编译出版社.

钱鼎炜，2012. 茶叶新品种技术扩散对不同农户收入的影响——以福建省茶产区农户为例 [J]. 农业技术经济 (3)：65 - 70.

卿陶，黄先海，2021. 国内市场分割、双重市场激励与企业创新 [J]. 中国工业经济 (12)：88 - 106.

邱风，王正新，林阳阳，等，2015. 地方保护、市场分割与地区产业结构差异化 [J]. 财经论丛（10）：103 - 112.

屈小静，何辉，2016. 我国商贸流通中市场分割的非政府因素及统一对策分析 [J]. 商业经济研究（22）：12 - 14.

芮正云，方聪龙，2018. 互联网嵌入与农村创业者节俭式创新：双元机会开发的协同与平衡 [J]. 中国农村经济（7）：96 - 112.

申广军，王雅琦，2015. 市场分割与制造业企业全要素生产率 [J]. 南方经济（4）：27 - 42.

史梦雅，孙海艳，李荣德，等，2021. 我国葡萄品种登记现状及种业发展情况分析 [J]. 中国果树（10）：88 - 91.

宋灿，孙浦阳，岳中刚，2022. 产业扶持、市场壁垒与企业创新——基于微观视角的理论与经验分析 [J]. 产业经济研究（1）：71 - 84.

宋冬林，范欣，2015. 国内市场整合趋势下的经济增长研究：1985—2011 [J]. 求是学刊，42（3）：52 - 62.

宋冬林，范欣，赵新宇，2014. 区域发展战略、市场分割与经济增长——基于相对价格指数法的实证分析 [J]. 财贸经济（8）：115 - 126.

宋金田，祁春节，2013. 销售渠道选择对农户收入影响实证分析 [J]. 统计与决策（16）：75 - 78.

宋马林，金培振，2016. 地方保护、资源错配与环境福利绩效 [J]. 经济研究，51（12）：47 - 61.

宋书杰，2016. 对外开放与市场分割是倒 U 型关系吗？[J]. 当代财经（6）：15 - 24.

宋铁波，涂佩轩，吴小节，2013. 市场分割情境下的资源能力、行业特征与优势企业多元化战略 [J]. 软科学，27（5）：26 - 31.

宋瑛，谢浩，王亚飞，2022. 农产品电子商务有助于贫困地区农户增收吗——兼论农户参与模式异质性的影响 [J]. 农业技术经济（1）：65 - 80.

宋渊洋，单蒙蒙，2013. 市场分割、企业经营效率与出口增长 [J]. 上海经济研究，25（4）：39 - 49.

苏永照，2014. 劳动力市场城乡分割与劳动收入比重——基于中国省级面板数据的分析 [J]. 贵州财经大学学报（4）：12 - 19.

苏祝成，2001. 世界主要茶叶生产国市场运行组织模式比较及借鉴 [J]. 中国农村经济（8）：34 - 40.

孙彬涵，罗小锋，黄炎忠，2021. 测土配方施肥技术环节认知对农户采纳行为的影响——基于水平和结构的双重视角 [J]. 干旱区资源与环境，35（8）：51 - 57.

孙博文，尹俊，2021. 交通投资何以实现高质量的市场一体化？——基于地理性与制度性市场分割的视角 [J]. 宏观质量研究，9（1）：113 - 128.

孙顶强，Misgina Asmelash，卢宇桐，等，2019. 作业质量监督、风险偏好与农户生产外包服务需求的环节异质性 [J]. 农业技术经济（4）：4 - 15.

孙芳，陈建新，2011. 农牧业一体化影响农户增收的实证分析——以北方农牧交错带为例〔J〕. 中国农村经济（12）：44-53.

孙金丽，2016. 我国农产品电子商务模式的选择〔J〕. 商场现代化（15）：51-52.

孙小燕，刘雍，2019. 土地托管能否带动农户绿色生产？〔J〕. 中国农村经济（10）：60-80.

孙早，刘李华，孙亚政，2014. 市场化程度、地方保护主义与 R&D 的溢出效应——来自中国工业的经验证据〔J〕. 管理世界（8）：78-89.

陶群山，胡浩，王其巨，2013. 环境约束条件下农户对农业新技术采纳意愿的影响因素分析〔J〕. 统计与决策（1）：106-110.

佟大建，黄武，应瑞瑶，2018. 基层公共农技推广对农户技术采纳的影响——以水稻科技示范为例〔J〕. 中国农村观察（4）：59-73.

庹国柱，2013. 中国政策性农业保险的发展导向——学习中央"一号文件"关于农业保险的指导意见〔J〕. 中国农村经济（7）：4-12.

万周燕，肖艳，2021. 物流绩效对中国生鲜农产品出口贸易的影响研究〔J〕. 世界农业（12）：84-93.

汪建，庄天慧，2015. 贫困地区社会资本对农户新技术采纳意愿的影响分析——基于四川16村301户农户的调查〔J〕. 农村经济（4）：69-74.

王国刚，2018. 从金融功能看融资、普惠和服务"三农"〔J〕. 中国农村经济（3）：2-14.

王鹤霏，2018. 农村电商扶贫发展存在的主要问题及对策研究〔J〕. 经济纵横（5）：102-106.

王金杰，李启航，2017. 电子商务环境下的多维教育与农村居民创业选择——基于 CFPS2014 和 CHIPS2013 农村居民数据的实证分析〔J〕. 南开经济研究（6）：75-92.

王珂，李震，周建，2014. 电子商务参与下的农产品供应链渠道分析——以"菜管家"为例〔J〕. 华东经济管理（12）：157-161.

王磊，2022. 建设全国统一要素市场：突出问题及思路对策〔J〕. 经济纵横（3）：68-78.

王磊，邓芳芳，2016. 市场分割与资源错配——基于生产率分布视角的理论与实证分析〔J〕. 经济理论与经济管理（11）：16-26.

王磊，汪恒，2015. 市场分割与区域资源配置效率〔J〕. 商业研究（6）：18-25.

王磊，张肇中，2019. 国内市场分割与生产率损失：基于企业进入退出视角的理论与实证研究〔J〕. 经济社会体制比较（4）：30-42.

王力荣，2021. 中国桃品种改良历史回顾与展望〔J〕. 果树学报，38（12）：2178-2195.

王立杰，吕建军，2021. 电子商务进农村政策促进农户链接市场研究——以重庆市为例〔J〕. 中国农业资源与区划，42（4）：29-39.

王世尧，金媛，韩会平，2017. 环境友好型技术采用决策的经济分析——基于测土配方施肥技术的再考察〔J〕. 农业技术经济（8）：15-26.

王晓东，张昊，2012. 中国国内市场分割的非政府因素探析——流通的渠道、组织与统一

市场构建 [J]. 财贸经济 (11)：85 - 92.

王晓敏，颜廷武，2019. 技术感知对农户采纳秸秆还田技术自觉性意愿的影响研究 [J]. 农业现代化研究，40 (6)：964 - 973.

王晓敏，颜廷武，2022. 技术认知、环境规制与农户秸秆还田技术采纳行为 [J]. 世界农业 (4)：57 - 68.

王秀东，王永春，2008. 基于良种补贴政策的农户小麦新品种选择行为分析——以山东、河北、河南三省八县调查为例 [J]. 中国农村经济 (7)：24 - 31.

王媛媛，张冬平，2020. 基于 TAM 分析小麦新品种扩散过程中种粮大户采纳意愿 [J]. 河南农业大学学报，54 (2)：340 - 346.

王真，郭继英，姜全，等，2019. 桃生产成本构成及变化趋势调查研究 [J]. 中国果树 (5)：105 - 107.

王振华，李萌萌，王苍林，2020. 契约稳定性对农户跨期技术选择的影响——基于 2271 个地块数据的分析 [J]. 资源科学，42 (11)：2237 - 2250.

王志刚，汪超，许晓源，2010. 农户认知和采纳创意农业的机制：基于北京城郊四区果树产业的问卷调查 [J]. 中国农村观察 (4)：33 - 43.

温涛，王佐滕，2021. 农村金融多元化促进农民增收吗？——基于农民创业的中介视角 [J]. 农村经济 (1)：94 - 103.

温忠麟，叶宝娟，2014. 中介效应分析：方法和模型发展 [J]. 心理科学进展，22 (5)：731 - 745.

温忠麟，张雷，侯杰泰，等，2004. 中介效应检验程序及其应用 [J]. 心理学报 (5)：614 - 620.

文龙娇，顾天竹，2019. 政策环境对农地经营权入股决策偏好的影响及政策优化路径 [J]. 现代经济探讨 (11)：126 - 132.

吴彬，2014. 农民专业合作社治理结构：理论与实证研究 [D]. 杭州：浙江大学.

吴大磊，王丽娟，石宝雅，2021. 土地细碎化如何影响农户环境友好型施肥行为？——来自广东的微观调查 [J]. 广东社会科学 (4)：67 - 78.

吴意云，朱希伟，2015. 中国为何过早进入再分散：产业政策与经济地理 [J]. 世界经济，38 (2)：140 - 166.

席鹏辉，2018. 高质量发展与过剩产能化解 [J]. 中国发展观察 (24)：43 - 44.

谢继蕴，李崇光，2019. 渠道关系稳定性和流程优化对农产品流通成本的影响——以新疆林果产品供应链为例 [J]. 农业现代化研究，40 (1)：109 - 119.

谢家智，何雯好，2021. 中国式分权与经济增长方式：影响机理与路径 [J]. 商业研究 (4)：98 - 109.

谢攀，林致远，2016. 地方保护、要素价格扭曲与资源误置——来自 A 股上市公司的经验证据 [J]. 财贸经济 (2)：71 - 84.

信乃诠，陈坚，李建萍，1995. 中国作物新品种选育成就与展望 [J]. 中国农业科学

（3）：1-7.

行伟波，李善同，2010. 一价法则、地区价格差异与面板单位根检验［J］. 管理科学学报，13（4）：76-84.

行伟波，李善同，2012. 地方保护主义与中国省际贸易［J］. 南方经济（1）：58-70.

熊文，朱永彬，2018. 研发投入、知识传播与农业新品种创新：路径与瓶颈［J］. 中国软科学（3）：174-183.

熊鹰，何鹏，2020. 绿色防控技术采纳行为的影响因素和生产绩效研究——基于四川省水稻种植户调查数据的实证分析［J］. 中国生态农业学报（中英文），28（1）：136-146.

徐保昌，谢建国，2016. 市场分割与企业生产率：来自中国制造业企业的证据［J］. 世界经济，39（1）：95-122.

徐健，汪旭晖，2009. 订单农业及其组织模式对农户收入影响的实证分析［J］. 中国农村经济（4）：39-47.

徐磊，2018. 农民合作社"农超对接"关系稳定性及其影响因素分析［D］. 南昌：江西农业大学.

徐翔，陶雯，袁新华，2013. 农户青虾新品种采纳行为分析——基于江苏省青虾主产区466户农户的调查［J］. 农业技术经济（5）：86-94.

徐孝新，2016. 美国统一市场建设实践及启示［J］. 当代经济管理，38（11）：5-10.

徐志刚，张骏逸，吕开宇，2018. 经营规模、地权期限与跨期农业技术采用——以秸秆直接还田为例［J］. 中国农村经济（3）：61-74.

徐志刚，张森，柳海燕，等，2013. 农户新品种技术采纳和品种组合行为的变迁及区域差异——对黑龙江、吉林、河南和山东640户玉米农户的调查［J］. 中国种业（3）：37-40.

许彩华，余劲，2020. "三权分置"背景下土地流转的收入效应分析——基于粮食主产区3省10县的农户调查［J］. 华中农业大学学报（社会科学版）（1）：18-27.

薛彩霞，姚顺波，2016. 地理标志使用对农户生产行为影响分析：来自黄果柑种植农户的调查［J］. 中国农村经济（7）：23-35.

闫阿倩，罗小锋，2021. 务农意愿对农户有机肥技术采纳行为的影响［J］. 华中农业大学学报（社会科学版）（5）：66-74.

闫贝贝，刘天军，2022. 信息服务、信息素养与农户绿色防控技术采纳——基于陕西省827个苹果种植户的调研数据［J］. 干旱区资源与环境，36（5）：46-52.

颜玉琦，陈美球，张洁，等，2021. 农户环境友好型耕地保护技术的采纳意愿与行为响应——基于江西省1 092户农户测土配方施肥技术应用的实证［J］. 中国土地科学，35（10）：85-93.

杨露，2015. 农户节水技术采纳意愿影响因素分析——订单农业背景下以微滴微灌技术为例［J］. 现代商贸工业，36（6）：191-193.

杨兴杰，齐振宏，陈雪婷，等，2020. 社会资本对农户采纳生态农业技术决策行为的影响——以稻虾共养技术为例 [J]. 中国农业大学学报，25（6）：183-198.

杨兴杰，齐振宏，陈雪婷，等，2021. 政府培训、技术认知与农户生态农业技术采纳行为——以稻虾共养技术为例 [J]. 中国农业资源与区划，42（5）：198-208.

杨兴杰，齐振宏，杨彩艳，等，2020. 农户对生态农业技术采纳意愿及其影响因素研究——以稻虾共养技术为例 [J]. 科技管理研究，40（1）：101-108.

杨再平，1997. 略论资本市场对企业的五种功能 [J]. 国有资产研究（6）：37-40.

杨志海，2018. 老龄化、社会网络与农户绿色生产技术采纳行为——来自长江流域六省农户数据的验证 [J]. 中国农村观察（4）：44-58.

姚科艳，陈利根，刘珍珍，2018. 农户禀赋、政策因素及作物类型对秸秆还田技术采纳决策的影响 [J]. 农业技术经济（12）：64-75.

姚延婷，陈万明，李晓宁，2014. 环境友好农业技术创新与农业经济增长关系研究 [J]. 中国人口·资源与环境，24（8）：122-130.

叶宁华，张伯伟，2017. 地方保护、所有制差异与企业市场扩张选择 [J]. 世界经济，40（6）：98-119.

叶兴庆，2017. 我国农业支持政策转型：从增产导向到竞争力导向 [J]. 改革（3）：19-34.

银温泉，才婉茹，2001. 我国地方市场分割的成因和治理 [J]. 经济研究（6）：3-12.

于斌斌，2022. 城市级别和市场分割对城镇化效率影响评价——以中国285个地级及以上城市为例 [J]. 地理科学，42（3）：476-486.

于良春，付强，2008. 地区行政垄断与区域产业同构互动关系分析——基于省际的面板数据 [J]. 中国工业经济（6）：56-66.

于林，于良春，2010. 地区性行政垄断的经济增长效应 [J]. 当代财经（6）：12-18.

余威震，罗小锋，李容容，2019. 孰轻孰重：市场经济下能力培育与环境建设？——基于农户绿色技术采纳行为的实证 [J]. 华中农业大学学报（社会科学版）（3）：71-78.

俞立平，郑济杰，张再杰，2022. 地区市场分割对创新数量、创新质量的影响机制研究 [J]. 宏观质量研究，10（1）：12-26.

袁惊柱，姜太碧，2012. 我国粮食新品种的增收效应及影响因素——以小麦新品种"川麦42"为例 [J]. 农村经济（2）：52-55.

岳梦，张露，张俊飚，2021. 土地细碎化与农户环境友好型技术采纳决策——以测土配方施肥技术为例 [J]. 长江流域资源与环境，30（8）：1957-1968.

臧铖，冼国明，初晓，2022. 外资开放、市场分割与产业升级——基于双循环新发展格局视角的探讨 [J]. 南方经济：1-23.

曾晶，青平，李剑，等，2021. 营养信息干预对农户作物营养强化新品种采纳的影响 [J]. 华中农业大学学报（社会科学版）（3）：30-38.

曾亿武，陈永富，郭红东，2019. 先前经验、社会资本与农户电商采纳行为 [J]. 农业技术经济（3）：38-48.

詹姆斯·C·斯科特，2001. 农民的道义经济学：东南亚的反判与生存 [M]. 南京：译林出版社.

展进涛，刘桢，高雷，2017. 劳动力市场分割视角下农民工技能培训与非农工资差异——基于 CFPS 数据的实证分析 [J]. 江海学刊（2）：93-98.

张复宏，宋晓丽，霍明，2017. 果农对过量施肥的认知与测土配方施肥技术采纳行为的影响因素分析——基于山东省 9 个县（区、市）苹果种植户的调查 [J]. 中国农村观察（3）：117-130.

张海霞，王明月，庄天慧，2020. 贫困地区小农户农业技术采纳意愿及其异质性分析——基于"信息—动机—行为技巧"模型 [J]. 贵州财经大学学报（3）：81-90.

张昊，2014. 再议国内区域市场是趋于分割还是整合——对测度方法的探讨与改进 [J]. 财贸经济（11）：101-110.

张昊，2020. 地区间生产分工与市场统一度测算："价格法"再探讨 [J]. 世界经济，43（4）：52-74.

张昊，2022. 信息化如何促进国内市场整合：减少黏性信息的视角 [J]. 商业经济与管理（2）：5-16.

张昊，王振霞，李勇坚，2022. 统一市场、信息技术与农产品价格——基于新冠肺炎疫情冲击的实证分析 [J]. 当代财经（2）：3-15.

张红丽，李洁艳，滕慧奇，2020. 小农户认知、外部环境与绿色农业技术采纳行为——以有机肥为例 [J]. 干旱区资源与环境，34（6）：8-13.

张建，王博，2022. 对外直接投资、市场分割与经济增长质量 [J]. 国际贸易问题（4）：56-72.

张杰，张培丽，黄泰岩，2010. 市场分割推动了中国企业出口吗？ [J]. 经济研究，45（8）：29-41.

张磊，黄世玉，2022. 构建基于全国统一大市场的新发展格局：逻辑方向、堵点及路径 [J]. 深圳大学学报（人文社会科学版）：1-11.

张露，罗必良，2020. 农业减量化：农户经营的规模逻辑及其证据 [J]. 中国农村经济（2）：81-99.

张森，徐志刚，仇焕广，2012. 市场信息不对称条件下的农户种子新品种选择行为研究 [J]. 世界经济文汇（4）：74-89.

张卫国，任燕燕，侯永建，2010. 地方政府投资行为对经济长期增长的影响——来自中国经济转型的证据 [J]. 中国工业经济（8）：23-33.

张卫国，任燕燕，花小安，2011. 地方政府投资行为、地区性行政垄断与经济增长——基于转型期中国省级面板数据的分析 [J]. 经济研究，46（8）：26-37.

张学良，程玲，刘晴，2021. 国内市场一体化与企业内外销 [J]. 财贸经济，42（1）：136-150.

张宇，2018. 地方保护与经济增长的囚徒困境 [J]. 世界经济，41（3）：147-169.

张跃，刘莉，黄帅金，2021. 区域一体化促进了城市群经济高质量发展吗？——基于长三角城市经济协调会的准自然实验 [J]. 科学学研究，39 (1)：63 - 72.

张志军，鲁黛迪，2013. 农业科技进步水平与农民家庭经营性收入关系的实证 [J]. 统计与决策 (8)：103 - 105.

张治栋，吴迪，周姝豆，2018. 生产要素流动、区域协调一体化与经济增长 [J]. 工业技术经济，37 (11)：58 - 66.

赵德起，谭越璇，2018. 制度创新、技术进步和规模化经营与农民收入增长关系研究 [J]. 经济问题探索 (9)：165 - 178.

赵奇伟，鄂丽丽，2009. 行政性分权下的地方市场分割研究 [J]. 财经问题研究 (11)：123 - 128.

赵晓飞，李崇光，2012. 农产品流通渠道变革：演进规律、动力机制与发展趋势 [J]. 管理世界 (3)：81 - 95.

赵永亮，2012. 市场获得、边界效应与经济集聚——基于"中心—外围"城市经济活动的考察 [J]. 中国工业经济 (3)：69 - 81.

郑适，陈茜苗，王志刚，2018. 土地规模、合作社加入与植保无人机技术认知及采纳——以吉林省为例 [J]. 农业技术经济 (6)：92 - 105.

郅建功，颜廷武，2021. 技术感知、风险规避与农户秸秆还田技术采纳行为——基于对鄂皖冀 3 省 1490 个农户的调查 [J]. 干旱区资源与环境，35 (11)：74 - 80.

周海波，胡汉辉，谢呈阳，等，2017. 地区资源错配与交通基础设施：来自中国的经验证据 [J]. 产业经济研究 (1)：100 - 113.

周建华，杨海余，贺正楚，2012. 资源节约型与环境友好型技术的农户采纳限定因素分析 [J]. 中国农村观察 (2)：37 - 43.

周黎安，2004. 晋升博弈中政府官员的激励与合作——兼论我国地方保护主义和重复建设问题长期存在的原因 [J]. 经济研究 (6)：33 - 40.

周曙东，乔辉，张照辰，等，2017. 花生新品种投入产出的技术进步分析 [J]. 华南农业大学学报（社会科学版），16 (1)：112 - 122.

周振，孔祥智，2017. 资产专用性、谈判实力与农业产业化组织利益分配——基于农民合作社的多案例研究 [J]. 中国软科学 (7)：28 - 41.

朱更瑞，2019. 我国桃产业转型升级的思考 [J]. 中国果树 (6)：6 - 11.

朱丽娟，2013. 玉米新品种采用的农户响应行为及影响因素分析——基于黑龙江省农户调查数据 [J]. 中国农学通报，29 (23)：107 - 111.

朱青，卢成，2020. 财政支农政策与农民收入的实证研究——基于农业补贴的视角 [J]. 暨南学报（哲学社会科学版），42 (3)：67 - 83.

朱希伟，金祥荣，罗德明，2005. 国内市场分割与中国的出口贸易扩张 [J]. 经济研究 (12)：68 - 76.

朱月季，杨倩，王芳，2021. 社会网络对蕉农采纳资源节约型技术的影响机制——以水肥

一体化技术为例 [J]. 资源科学，43（6）：1099 - 1114.

祝志勇，刘昊，2020. 市场分割、地区异质性与经济增长质量 [J]. 改革（4）：86 - 99.

邹洋，王庆斌，季荣妹，2021. 农户加入合作社的收入效应和资产效应——基于 CHIP 数据的实证研究 [J]. 财经论丛（11）：13 - 24.

Aimer N M，Lusta A，Abomahd M，2017. The Impact of Electronic Commerce on Libya's Economic Growth [J]. International Journal of Research in Commerce&.Management，8（4）：62 - 66.

Antoniades A，2015. Heterogeneous Firms，Quality，and Trade [J]. Journal of International Economics，95（2）：263 - 273.

Bellemare M F，2010. Agricultural extension anf imperfect supervision in contract farming：Evidence from Madagascar [J]. Agricultural Economics，41（6）：507 - 517.

Bloom N，Schankerman M，Reenen J V，2013. Identifying technology spillovers and product market rivalry [J]. Econometrica，81（4）：1347 - 1393.

Bollinger B，2015. Green technology adoption：An empirical study of the Southern California garment cleaning industry [J]. Quantitative Marketing and Economics，13（4）：319 - 358.

Brick K，Visser M，2015. Risk preferences，technology adoption and insurance uptake：A framed experiment [J]. Journal of Economic Behavior & Organization，118（C）：383 - 396.

Chatzimichasel K，Genius M，Tzouvelekas V，2014. Informational Cascades and Technology Adoption：Evidence from Greek and German Organic Growers [J]. Food Policy（49）：186 - 195.

Cho K M，Tobias D J，2010. Improving Market Access for Small and Mid - sized Producers Through Food Industry Electronic Infrastructure Market Maker [R]. Southern Aaricultural Economics Association Meetina（SAEA）.

Crowley M A，2006. Do Safeguard Tariffs and Antidumping Duties Open or Close Technology Gaps? [J]. Journal of International Economics（2）：469 - 484.

Daumal M，Zignago S，2010. Measure and determinants of border effects of Brazilian states [J]. Papers in Regional Science，89（4）：735 - 758.

Elberg A，2016. Sticky prices and deviations from the Law of One Price：Evidence from Mexican micro - price data [J]. Journal of International Economics，98（1）：191 - 203.

Escobal J A，Cavero D，2012. Transaction costs，institutional arrangements and inequality outcomes：Potato marketing by small producers in rural Peru [J]. World Development，40（2）：329 - 341.

Fafchamps M，Minten B，2012. lmpact ofSMS - based Agricultural Information on Indian Farmers [J]. The World Bank Economic Review，26（3）：383 - 414.

Fay M，Rubzen R，Paris T，2020. Improving Gender Participation in Agricultural Technology Adoption in Asia：From Rhetoric to Practical Action [J]. Applied Economic Perspectives and Policy，42（1）：28 - 46.

Fischer E，Qaim M，2012. Linking smallholdersto markets：Determinants and impacts of faemer collective action in Kenya [J]. World Development，40（6）：1255 - 1268.

Fleisher B，Li H，Zhao M Q，2010. Human Capital，Economic Growth，and Regional Inequality in China [J]. Journal of Development Economics，92（2）：215 - 231.

Futch M D，McIntosh C T，2009. Tracking the Introduction of the Village Phone Product in Rwanda [J]. Information Technologies & International Development，5（3）：54 - 81.

Giustiniano L，Fratocchi L，2002. The virtual internationalisation of Italian SMEs in the food industry [J]. International Journal of Business Performance Management，4（2）：231 - 247.

Gómez - Limón J A，Riesgo L，Arriaza M，2004. Multi - Criteria Analysis of Input Use in Agriculture [J]. Journal of Agricultural Economics（55）：541 - 564.

Heisey P W，Lantican M A，Dubin H J，et al，2003. Crop Variety Improvement and its Effect on Productivity：The Impact of International Agricultural Research [M]. London：CABI.

Herath H M G，Hardaker J B，Anderson J，1982. Choice of Varieties by Sri Lanka Rice Farmers：Comparing Alternative Decision Models [J]. American Journal of Agricultural Economics，64（4）：87 - 93.

Horna J D，Smale M，Oppen M V，2007. Farmer willingness to pay for seed - related information：Rice varieties in Nigeria and Benin [J]. Environment & Development Economics，12（6）：799 - 825.

Hummels D，2007. Transportation costs and international trade in the second era of globalization [J]. Journal of Economic Perspectives，21（4）：237 - 238.

Jensen R，2007. The Digital Provide：Information（Technology），Market Performance，and Welfare in the South Indian Fisheries Sector [J]. Quarterly Journal of Economics，122（3）：879 - 924.

Ke S Z，2015. Domestic market integration and regional economic growth China's recent experience from 1995 - 2011 [J]. World Development（66）：588 - 597.

Li J，Sun P，2017. The law of one price：new evidence from China（1997 - 2012）[R]. Working Paper.

Liao C N，Chen Y J，2017. Farmers' Information Management in Developing Countries—A Highly Asymmetric Information Structure [J]. Production & Operations Management，26（6）：1207 - 1220.

Liu E M, 2013. Time to Change What to Sow: Risk Preferences and Technology Adoption Decisions of Cotton Farmers in China [J]. Review of Economics & Statistics, 95 (4): 1386 - 1403.

Maertens M C L S J, 2011. Globalisation and poverty in Senegal: A worst case scenario? [J]. European Review of Agricultural Economics.

Melitz M J, 2003. The Impact of Trade on Intra - Industry Reallocations and Aggregate Industry Productivity [J]. Econometrica, 71 (6): 1695 - 1725.

Michael L, 1968. The Theory of the Optimizing Peasant [J]. Journal ofDevelopment Studies, 4 (3): 27 - 51.

Milkias D, 2020. Factors Affecting High Yielding Teff Varieties Adoption Intensity by Small Holder Farmers in West Showa Zone [J]. International Journal of Economy Energy and Environment, 5 (1): 6 - 13.

Molony T, 2008. Running Out of Credit: The Limitations of Mobile Telephony in a Tanzanian Agricultural Marketing System [J]. Journal of Modern African Studies, 46 (4): 637 - 658.

Msuya C P, Düvel G H, Rwambali E G, 2014. The Influence of Independent and Intervening Variables on Adoption of Recommended Maize Varieties in Tanzania [J]. Tanzania Journal of Agricultural Sciences, 13 (1): 26 - 40.

Parsley D C, Wei S J, 2001. Explaining the Border Effect: The Role of Exchange Rate Variability, Shipping Costs, and Geography [J]. Journal of International Economics (1): 87 - 105.

Poncet S A, 2005. fragmented China: measure and determinants of Chinese domestic market disintegration [J]. Review of International Economics, 13 (3): 409 - 430.

Poncet S, 2003. Measuring Chinese domestic and international [J]. China Economic Review (14): 1 - 21.

Porter M, 1990. The Competitiveness Advantage of Nations [M]. New York: Free Press.

Qian Y, Weingast B R, 1997. Federalism as a commitment to preserving market incentives [J]. Journal of Economic Perspectives (96): 584 - 595.

Romer P M, 1990. Endogenous Technological Change [J]. Journal of Political Economy, 98 (5): 71 - 102.

Samuel P, 1979. The Rational Peasant: The Political Economy of Rural Society in Vietnam [M]. Berkeley: University of California Press.

Schipmann C, Qaim M, 2010. Spillovers from modern supply chains to traditional markets: product innovation and adoption by smallholders [J]. Agricultural Economics, 41 (4): 361 - 371.

Schultz T W, 1964. Transforming Traditional Agriculture [M]. New Haven: Yale University Press.

Schumpeter J A, 1962. Capitalism, Socialism and Democracy [M]. New York: Harper Perennial.

Sharon L F, Ross C, Rachel G, 2013. Adoption of environmental innovations: Analysis from the Waipara wine industry [J]. Wine Economics and Policy, 2 (1): 11 - 18.

Sheikh A D, 2003. Logistic Models for identifying the factors that influence the uptake of new no - tillage'technologies by farmers in the rice - wheat and the cotton - wheat farming systems of Pakistan's Punjab [J]. Agricultural Systems (75): 79 - 95.

Simtowe F, 2006. Can Risk - aversion towards fertilizer explain part of the non - adoption puzzle for hybrid maize? Empirical evidence from Malawi [J]. Journal of Applied Sciences, 6 (7).

Solomon Y, 2020. Adoption of Improved Agricultural Technologies in Developing Countries: Literature Review [J]. 4 (2): 25 - 36.

Studer R, 2006. India and the great divergence: assessing the efficiency of great markets in Eighteenth and Nineteenth century India [J]. Journal of Economics History, 8 (2): 393 - 437.

Ubilava D, Foster K, 2008. Quality certification vs. product traceability: Consumer preferences for informational attributes of pork in Georgia [J]. Food Policy, 34 (3): 305.

Wang H H, Zhang Y P, Wu L P, 2011. Is contract farming risk management instrument for Chinses farmers? Evidence form a survey of vegetable farmers in Shong [J]. China Agricultural Economic Review, 3 (4): 489 - 505.

Williams T O, 1999. Factors influencing manure application by farmers in semi - arid west Africa [J]. Nutrient Cycling in Agroecosystems, 55 (1): 15 - 22.

Williamson O E, 1996. The Mechanisms of Governance [D]. New York: Oxford Uninersity Press.

XU X, 2002. Have the Chinese Provinces Become Integrated Under Reform? [J]. China Economic Review (3): 116 - 133.

Young A, 2000. The Razor's edge: distributions and incremental reform in the people's republic of China [J]. Quarterly Jounal of Eoonomics, 115 (4): 1091 - 1136.

Zhang S, Sun Z, 2019. The effect of cooperative membership on agricultural technology adoption in Sichuan, China [J]. China Economic Review (5): 32 - 46.